Petra Gabriel

Ein Jahr auf Kuba

Petra Gabriel

Ein Jahr auf KUBA

Auswandern auf Zeit

HERDER

FREIBURG · BASEL · WIEN

MIX
Papier aus verantwor-
tungsvollen Quellen
FSC® C083411

Originalausgabe

© Verlag Herder GmbH, Freiburg im Breisgau 2016
Alle Rechte vorbehalten
www.herder.de

Satz: Dtp-Satzservice Peter Huber, Freiburg
Herstellung: CPI books GmbH, Leck

Printed in Germany

ISBN 978-3-451-06765-5

*„Schützengräben aus Ideen sind mehr wert
als Schützengräben aus Stein."*

JOSÉ MARTÍ (1853–1895), SCHRIFTSTELLER
UND KUBANISCHER NATIONALHELD DER FREIHEITSKRIEGE

Inhalt

März

MIT VORURTEILEN IST DAS SO EINE SACHE, besonders mit jenen, die uns mit einer gewissen Nachhaltigkeit eingeimpft wurden. Irgendwann beginnt man zu glauben, es könnte etwas Wahres dran sein. Diesen Satz zum Beispiel höre ich immer wieder: „Wer das *alte* Kuba noch erleben will, der sollte sich beeilen." Als ausgesprochene Westpflanze ohne jede Erfahrung mit dem real existierenden Sozialismus habe ich keine Ahnung, ob das wirklich so ist. Auch nicht, wie das „neue" Kuba aussehen könnte. Es klingt für mich jedoch so, als ginge aufgrund der sich anbahnenden Annäherung zwischen Kuba und den Vereinigten Staaten in nächster Zukunft eine Welt unter, eine Art Paradies verloren. Das muss ich mir anschauen, solange es noch existiert, denke ich mir – und buche kurzentschlossen die erste Busrundreise meines Lebens.

Um mich einzustimmen, fliege ich zunächst nach Varadero in die Provinz Matanzas, zu jener Halbinsel also, auf der Hotel an Hotel steht. Ich mag es, die Welten langsam zu wechseln. Und dann geht es vierzehn Tage einmal quer durch Kuba, von West nach Ost bis Baracoa. Mein Kopf ist vollgepfropft mit Informationen aus Reiseführern. Gut, es steht überall, dass die Kubaner offen sind, zuvorkommend, gastfreundlich, lebenslustig. Stimmt. Und die Insel ist tatsächlich wunderschön mit ihrer abwechslungsreichen Natur, den Tabakfeldern im Tal von Viñales und den unwegsamen Mogotes, den Kegelkarstbergen, bis hin zum Humboldt-Nationalpark und den Regenwaldgebieten im Osten. Trinidad, Santiago de Kuba, Cienfuegos, Holguín – ich genieße

die Fahrten durch das Land, vorbei an den meist einstöckigen Häusern der *campesinos*, den oft liebevoll gepflegten
Gärten davor, den *bodegas* am Wegesrand. Ja, stimmt alles.

Dennoch ist das nur ein Teil der Realität. Was ich noch
nicht ahne: Es werden weitere Monate auf Kuba folgen.
Monate, die mir mehr bieten und abfordern werden als
jene „Wahrheit", die ich bei meinem ersten organisierten
Besuch auf der Insel erlebt habe. Denn bei dieser Busrundreise ist etwas Entscheidendes geschehen: Am Ende habe
ich mich Hals über Kopf in die Insel und ihre Menschen
verliebt. Ich will unbedingt wiederkommen, länger blieben,
leben wie die Kubaner.

Schon während der gut zehn Stunden, die mein erster
Flug von Frankfurt nach Varadero dauert, habe ich genügend Gelegenheit, mein Vorwissen über Kuba zu rekapitu-
lieren. Zumal ich Holzklasse fliege, und das bedeutet: Ich
kann wegen fehlender Beinfreiheit nicht schlafen. Andererseits hätte ich auch mit mehr Beinfreiheit nicht schlafen
können. Ich kann unterwegs nie schlafen, sei es im Auto,
im Zug oder im Flugzeug.

Bereits kurz nach dem Start werde ich mit einem Kuba-
Vorurteil konfrontiert, das sich meiner Erfahrung nach in
vielen westlichen Köpfen findet. So auch in dem meines
Sitznachbarn Anton aus Bayern, der wie ich noch nie auf
der Insel war. Er vertritt es beredt. „Auf Kuba herrscht Kommunismus", erklärt er dröhnend, sodass es bis in die letzte
Sitzreihe zu hören ist. Ich zucke kurz zusammen und vermute, Anton ist einer jener Menschen, die andere gerne
belehren. Also bleibe ich erst einmal stumm. Zumal ich, wie
bereits gesagt, weder mit dem Kommunismus noch dem
Sozialismus persönliche Erfahrungen gesammelt habe. Und
Anton fährt ungestört fort: „Der Kommunismus ist dem
Kapitalismus unterlegen. Der Zusammenbruch der Sowjet-

union und der Untergang der DDR sind der beste Beweis." Es ficht ihn auch nicht an, dass die beiden älteren Damen in der Reihe vor uns immer wieder versichern, auf Kuba sei es wunderbar. Eine erzählt, in vielen Häusern gebe es Läden mit beweglichen Lamellen ohne Glas statt der „normalen" Fenster. Sie habe auf Kuba eine Freundin, und die stocke gerade ihr Haus auf, um eine Privatunterkunft anbieten zu können.

Wasser auf Antons Mühlen. Keine Fenster! Im Kommunismus funktioniere eben nichts, noch nicht einmal die Fensterproduktion.

Warum er denn dann nach Kuba fliege, frage ich Anton. Wegen der alten amerikanischen Straßenkreuzer. Außerdem solle ich mir keine Sorgen wegen des Kommunismus machen. Che Guevara sei schon tot. Und die beiden Castros würden auch bald von der Bildfläche verschwinden. Er schaut erwartungsvoll. Warum er mit seiner Reise denn dann nicht auf das „neue" Kuba warte, hätte ich am liebsten gefragt. Doch wieder bleibe ich stumm, um eine Diskussion zu vermeiden, schließe die Augen, tue so, als würde ich schlafen, und höre erst damit auf, als ich neben mir das Schnarchen von Anton höre, aus dem ich schließe, dass ich jetzt vor seinen Belehrungen sicher bin.

Kaum auf dem Flughafen Varadero angekommen, lege ich so schnell wie möglich großen Abstand zwischen Anton und mich. Musik, lachende Menschen (okay, nicht alle sahen aus wie Kubaner), ein klimatisierter Flughafen, freundliche ZöllnerInnen. Nur das Formular mit der Frage nach möglichen Schmuggelgütern, Waffen, Pornografie und was weiß ich noch alles (ich habe das Kreuzchen selbstredend immer beim Nein gemacht), das ich bereits im Flugzeug hatte ausfüllen müssen, sowie die Kamera, vor die ich beim offiziellen Grenzübertritt mein Gesicht halten muss, stören meine trotz Schlafmangel gute Stimmung. Waffen! Pornografie! Drogen! Wofür halten die mich? Ich wage es ja noch nicht einmal, falsch zu parken oder schwarz in der U-Bahn zu fahren. Während mein Gesicht fotografiert wird, fallen mir die biometrischen Zollkontrollen ein, die es im Kapitalismusland ja ebenfalls gibt, und ich bin besänftigt.

Mein Optimismus gewinnt wieder die Oberhand und steigert sich noch, als ich ein gewisses Örtchen aufsuche. Für eine Türkei- und Griechenland-erfahrene Deutsche eröffnen sich paradiesische Aussichten. Nichts mit Plumpsklo oder Abtritt, sondern Schüssel und Spülung. Gut riechend. Ziemlich sauber.

Auch die Organisation scheint zu klappen. Eine Luke spuckt Koffer aus, viele in einem ähnlichen Grau wie meiner, zwei Transportbänder liefern sie an die Reisenden. Und das ziemlich schnell nach der Landung. Gut, der Flughafen Varadero ist eher klein, in etwa so provinziell wie der Flughafen Basel. Ich persönlich würde diese Größe unter gemütlich subsumieren. Erwartungsvoll harre ich also dem Auftauchen meines Rollkoffers entgegen, neu erstanden für den Flug auf die Insel. Ich starre und starre und bekomme jede Menge Zeit, zu bedauern, dass ich nicht eine rote Schleife drangebunden hatte. Ich habe mir meine Neuerwerbung beim Packen nicht so genau angeschaut, wie ich dies hätte tun sollen, oder besser: nach dem Packen und Zuklappen, denn es geht ja ums Außen.

Stattdessen ziehen immer mehr Koffer ihre Schleifen, werden vom Band gehoben. Meiner ist nicht darunter. Sollte ich doch ans andere Band? Ich harre aus. Schließlich wurde mir gleich nach der Landung erklärt, dass ich meinen Koffer an diesem finde. Neidvoll blicke ich einigen Mitreisenden nach, die samt Gepäck in Richtung Zoll marschieren. Ich warte, entschlossen, die Unrast und Nervosität, die Europäern gemeinhin nachgesagt wird, insbesondere den Deutschen, nicht durchscheinen zu lassen. Denn bin ich nicht auf Kuba, der Insel der lauen Sommernächte, des Salsa, der wunderbaren Longdrinks (dies war das einzige Vorurteil, und das betrifft auch die positiven, das sich komplett bewahrheiten sollte)? Also gebe ich mich cool. Carpe diem.

Anton aus Bayern hat sich neben mir postiert und macht mich schließlich auf eine Legion Koffer aufmerksam, die sorgsam arrangiert in Reih und Glied neben dem anderen Band stehen. Neben den Koffern wiederum entdecke ich mehrere junge Männer. Ich schöpfe Hoffnung und gehe auf sie zu. Auf die Koffer natürlich. Einer der jungen Männer, das Sinnbild des rassigen Kubaners, schlank, schmale Hüften, breite Schultern, lächelt mir so nett entgegen, dass ich mir schon ganz willkommen vorkomme, und sagt anschließend etwas auf Spanisch. Ich verstehe, dass er annimmt, ich suche mein Gepäck und nicke. Er führt mich das letzte Stück zu den Koffern. Und, o Wunder, da ist meiner. „Ein CUC", sagt der freundliche junge Mann. In diesem Moment wird mir klar, dass auf Kuba vieles sehr wohl gut organisiert ist.

Und weil wir schon beim Thema Organisation sind, ist es vielleicht ratsam, an dieser Stelle etwas über die kubanischen Toilettengepflogenheiten zu erzählen. Die gute Nachricht: Es gibt nach europäischen Maßstäben einigermaßen annehmbare Toiletten, also solche, bei denen die Toilettenspülung funktioniert und die Türen abschließbar sind. Meist dort, wo Touristen verkehren. Also in den großen Hotels, alle staatlich, die zumeist zusammen mit spanischen Gesellschaften hochgezogen worden sind. Und in denen meiner Erfahrung nach das Meiste klappt. Wirklich. Soweit das auf Kuba eben möglich ist. Denn damit, dass mal Wasser und Strom ausfallen, muss man rechnen. Das steht in jedem Reiseführer. Sie sollten das glauben.

Die schlechte Nachricht: Es gibt viele gewisse Örtchen, die zwischen gewöhnungsbedürftig und anrüchig rangieren, um es mal vornehm auszudrücken. Aber egal, welche Art von Toilette, bitte niemals, NIEMALS das Toilettenpapier in die Toilette werfen. Dafür stehen eigene Abfalleimer bereit. Ich habe übrigens schnell gelernt, entweder Toilettenpapier oder Kleingeld dabei zu haben, um selbiges zu kaufen, am besten CUP, kubanische Pesos, die Währung, in der den Einheimischen der Lohn ausgezahlt wird. Dieses Toiletten-papier besteht dann meist nicht mehr als aus drei Blatt, sorgsam zusammengefaltet.

Sagte ich schon, dass auf Kuba der Tourismus nach dem Medizinsektor zur wichtigsten Einnahmequelle avanciert ist? Ich meine nach dem Zusammenbruch der Sowjetunion, der auch den Kollaps für die kubanische Wirtschaft be-deutete. Die Kubaner nennen jene Zeit, in der sie sich ein weiteres Mal am eigenen Schopf aus dem Sumpf ziehen mussten, die zweite große Krise. Dabei haben sie, was die Unterbringung der Touristen betrifft, ihre Sache vergleichs-weise gut gemacht – anders als die Spanier. Die staatlichen Reiseagenturen halten meist, was sie versprechen. Die Bau-ten auf der All-inclusive-Halbinsel Varadero sind, soweit ich das gesehen habe, keine Bettenburgen, sondern bis auf das Haupthaus selten mehr als zweistöckig, zumindest die neueren. Die Bungalows mit den Zimmern liegen in park-ähnlichen Anlagen.

Die älteren Hotels sind trotzdem einen Aufenthalt wert. Im Stadtteil Miramar von Havanna habe ich so eines er-lebt, eines, das noch aus der Zeit übriggeblieben ist, als die Amerikaner die Insel in ein Spielerparadies à la Las Vegas mit allen seinen Folgeerscheinungen verwandelt hatten. Das

Comodoro ist weit davon entfernt, perfekt zu sein, vermittelt dafür aber den Charme einer abgetakelten Diva. Ich mag Diven. Dafür verzichte ich gerne auf Luxus.

Bezüglich meiner Verständigungsmöglichkeiten beschließe ich nach der ersten Erfahrung auf dem Flughafen, erst einmal Kubanisch zu lernen. Denn das, was ich als Spanisch auf Disketten gehört hatte, klingt auf Kuba völlig anders. *Despues* (danach) zum Beispiel etwa wie *denpue*. Oder so ähnlich.

April

Ziemlich genau ein Jahr später bin ich also wieder da, aufgeregt und voller Erwartungen. Ich werde die nächsten Monate leben, wo auf Kuba das Leben am heftigsten pulsiert: in Havanna. Es heißt, in der Hauptstadt Kubas gibt es von allem viel. Manchmal zu viel. Aber genau das ist es, was ich dieses Mal kennenlernen will, die volle Dosis kubanisches Leben. Keinen weichgespülten Aufenthalt vor restaurierter Kulisse. Keine Rundreise in klimatisierten Bussen mehr, sondern bleiben, mich einlassen auf den Alltag, auf Menschen, hoffentlich Freunde finden. Also fliege ich dieses Mal direkt Frankfurt–Havanna, Terminal 2, Flughafen José Martí. Premium Holzklasse, mehr Beinfreiheit. Das Tauwetter zwischen Kuba und den Vereinigten Staaten hat inzwischen voll eingesetzt. Die Cuban Five sind alle wieder daheim und Helden. So wird eine Gruppe von Kubanern bezeichnet, die in den USA, genauer in Miami, angeblich als Teil eines Spionagenetzwerks 1998 verhaftet und 2001 zu hohen Gefängnisstrafen verurteilt worden sind. Und ich freue mich unbändig auf mein neues Zuhause auf Zeit im Stadtteil Vedado in Havanna, nicht weit vom Meer entfernt, freue mich auf meine „erste Nacht".

Am Flughafen – dieses Mal wie gesagt Havanna/José Martí – erwartet mich Anita, wie per Mail vereinbart. Ich folge ihr zu ihrem Wagen, der etwas weiter entfernt steht, und werde die ersten meiner am Flughafen noch schnell eingewechselten *pesos convertibles*, genannt CUC, los. Parkgebühren, angeblich zwei Euro, grob umgerechnet. Mehr rechnen kann mein nachtfluggeschädigtes Gehirn zu diesem Zeitpunkt nicht. Immerhin, das Auto von Anita fährt, obwohl es nicht so aussieht. Es ist kein Oldtimer, schon gar kein Straßenkreuzer amerikanischer Bauart, sondern ein Kleinwagen. Er klappert und rappelt jedoch wie ein alter, der Rost rieselt, der Kofferraumdeckel lässt sich nicht mehr öffnen. Mein Koffer wandert also auf die Rückbank. Ich muss an Anton denken.

Anita ist eine Freundin meiner Vermieter, wenn ich sie richtig verstanden habe. Doch sie hat keine Lizenz zur Beförderung von Passagieren gegen Geld, und wenn sie dabei erwischt wird, kann das sehr teuer für sie werden. Ich habe gehört, darauf stehen hohe Strafen. Einmal vom Flughafen nach Vedado, geschätzte zwanzig Kilometer, dafür will sie dreißig CUC. Das scheint mir viel. Ich habe nämlich bei meinem ersten Aufenthalt gehört, ein Arzt in Kuba verdient nur 120 CUC im Monat, das sind nach derzeitigem Kurs umgerechnet gut 110 Euro. Ärzte sind Staatsangestellte, ebenso wie Anwälte und viele andere, bei uns freiberuflich arbeitende Berufsgruppen. Privatpraxen sind nicht erlaubt. Lizenz hin oder her, Anita drückt mir nach der Ankunft vor meiner *casa particular*, also meiner Privatpension, ihre Telefonnummer in die Hand. Falls ich mal ein Auto brauche.

Die Verkehrs- und sonstige Infrastruktur der kubanischen Hauptstadt ist für Außenstehende ziemlich verwirrend. Mich im Durcheinander der Routen und Preise der privaten und der staatlichen Taxis, der Sammeltaxis, der Busse und sonstigen Transporter, der Cocotaxis (Motorräder mit einem gelben kokosnussartigen Aufbau) und der Bicitaxis (Fahrradrikschas) zurechtzufinden, wird wohl zu meinen größten Herausforderungen gehören.

Dankbar für das Bett und ziemlich übermüdet sinke ich in dieser ersten Nacht in Havanna in die Kissen. Doch statt zu schlafen, muss ich an meinen ersten Flug und an

Anton mit seiner Vorliebe für Oldtimer denken. Denn letztere sind in dieser Nacht sowie an allen folgenden Tagen und Nächten auf der mehrspurigen Straße vor meinem Apartment unterwegs. In Massen.

Zur Klarstellung: Unter Oldtimer verstehe ich alles, was motorisiert ist und bis zur Revolution um 1960 auf die Insel kam. Also auch alte Motorräder, Busse und Lastwagen, die über Havannas mehr oder weniger holprige Straßen klappern, scheppern und um die Kurven röhren. Eigentlich mag ich Oldtimer sehr, ganz besonders amerikanische Straßenkreuzer. Ähnlich wie Anton. Ich gehe auch gerne mal ins Museum und sehe sie da stehen. Doch sobald sie fahren, sind alte Autos vor allem eines: laut.

Und ihre Fahrer hupen unentwegt. Zum Beispiel, weil sie ein Sammeltaxi betreiben und noch Platz für weitere Passagiere haben. Oder sie hupen, weil die Fußgänger stören, die genau dort über die Straße schlendern, wo keine Ampel steht. Oder einfach so.

Jedenfalls: Es piept, pfeift, trillert, tutet, trötet unablässig aus den Autos, Motorrädern, Bussen, Cocotaxis und Bicitaxis auf Havannas Straßen. Dass meine für die nächsten Monate ausersehene und über eine Homepage reservierte Bleibe in einem der vielen *casas particulares* nicht nur im Zentrum des zentral gelegenen Stadtteils Vedado liegt, sondern dort auch noch mitten in der Mitte, an einer mehrspurigen Durchgangsstraße mit ständigen Staus, besonders beliebt bei Touristenbussen und klapprigen Transportfahrzeugen aller Art, war mir bei der Buchung nicht klar.

Mein Apartment hat übrigens keine Fenster, nur Klappläden mit Lamellen. Innen. Deshalb herrscht ein ständiges und für mich ziemlich gewöhnungsbedürftiges Dämmerlicht. Die Klimaanlage ist ebenfalls laut, und nachdem ich sie ausgeschaltet habe, will sie nicht mehr. Dafür habe ich den in einer Ecke neben dem Schrank abgestellten Ventilator aktiviert. Der bläst die schwül-heiße, mit Autoabgasen angereicherte Luft umher, dass meine Haare fliegen. Schließlich beendet die Klimaanlage ihre Pause und setzt scheppernd wieder ein. Zu diesem Zeitpunkt habe ich längst aufgehört, ökologisch korrekt Strom sparen zu wollen. Dafür ist es einfach zu heiß. Ist ja egal, was mich nicht schlafen lässt. Ich hoffe auf mehr Ruhe in den frühen Morgenstunden. Doch die Fahrer alter Autos werden offenbar nie müde.

Das Apartment hatte ich mir eigentlich wegen seiner Vorteile ausgesucht. Die Uni, an der ich Spanisch lernen kann, liegt quasi nebenan. Es ist nicht weit zur Altstadt. Und die Rampa, die 23. Straße, die Amüsiermeile von Vedado, beginnt an der übernächsten Ecke. Das Amüsement hatte ich mir aber anders vorgestellt. Laue Nächte, Mojito, Daquiri, irgendein Longdrink mit Rum eben, und dazu Meeresrauschen. So in etwa war das jedenfalls in den Hotels bei meiner ersten Rundreise.

Zu meiner Überraschung bekomme ich gegen Morgen Heimweh und finde es ziemlich schlimm, dass ich mir in diesem Land des Kaffeeanbaus noch keinen Kaffee kochen kann. Ich muss erst welchen besorgen, weiß nicht wo, weiß nicht wie. Es fehlt überhaupt an so einigem. Der Kühlschrank ist noch leer.

Dass ich gleich für vier Wochen im Voraus bezahlt habe, macht die Lage nicht besser. Meine Vermieter scheinen sehr nett zu sein, ich wurde freundlich empfangen. Die Miete für einen ganzen Monat will der Herr des Hauses trotzdem sofort. Und ich zahle auch brav. Zudem bin ich viel zu müde für Widerspruch oder die Frage, ob es nicht wochenweise geht. Außerdem bin ich, beflügelt durch den mir angeborenen Optimismus, zunächst überzeugt, es wird schon alles gut werden. Erst später in dieser durchwachten Nacht wird mir klar: Ich stecke hier vermutlich erst einmal fest, werde vielleicht nichts von dem Geld wiedersehen, wenn ich die Wohnung wechsele.

Ich wüsste auch nicht, wie ich meine Auszugsabsichten verständlich erklären sollte. Mein Spanisch ist trotz einiger zwischenzeitlicher Bemühungen mit Hilfe eines Online-portals mehr als dürftig. Das Portal behauptet, ich könne 294 Wörter. Ich hingegen habe große Zweifel, ob die hier auch jemand versteht und ich eine andere bezahlbare *casa particular* finde. Also versuche ich mir einzureden, dass ich mich schon an den ständigen Lärm gewöhne werde.

Um es vorwegzunehmen: Es gelingt mir nicht, in dieser ersten Nacht nicht und auch nicht in allen weiteren. Die Klimaanlage arbeitet unentwegt und so fleißig, dass sie es sogar schafft, den Verkehr zu übertönen. So springe ich wenigstens nicht bei jedem aufröhrenden Bus, der beim Haus die Kurve nimmt, vor Schreck fast aus dem Bett. Ich schreibe bewusst *fast*, denn zu derart abrupten Bewegungen bin ich eigentlich nicht fähig, wenn ich gewaltsam aus dem Tiefschlaf gerissen werde. Um mich abzulenken und um mir Mut zu machen – andere haben es auch nicht leicht –, denke ich in meinen schlaflosen Nachtstunden an die Rebellen um Che Guevara und die Castros bei ihrem Guerilla-kampf in den Bergen der Sierra Maestra. Da war es heiß, feucht, es gab jede Menge Natur, Moskitos und wahrscheinlich nur wenig Antimückenmittel. Obendrein musste Che auch noch gegen sein Asthma kämpfen. Geraucht hat er trotzdem.

Die Karibikromantikgefühle haben sich schon am ersten Morgen komplett verabschiedet. Meine Glieder sind schwer, im Kopf hat sich Sülze breitgemacht. Die Zivilisation scheint Lichtjahre entfernt. Ich erinnere mich immer wieder wehmütig an die Busrundreise durch Kuba im vergangenen Jahr. Hotels mit Pool und Frühstück. Gepampert und umsorgt. Dass das nicht das wirkliche Leben auf Kuba ist, hatte ich geahnt. Bloß verdrängt. Jetzt überfällt mich das echte Leben mit Macht. Und das Heimweh nach meinem eigenen Bett.

Bereits im Frühtau stehe ich auf. Aufgeben gilt nicht. Also auf ins Getümmel. Der Kühlschrank will befüllt werden, ich brauche unbedingt meine tägliche Ration Kaffee.

Die nächste Erkenntnis trifft mich trotz der frühen Morgenstunde und ihrer bereits ziemlich feuchtschwülen Hitze mit der Wucht eines Hammers: Es gibt jede Menge Steigerungen von laut. Und alte Autos in Massen stinken. Aus den schwarzen Dampfwolken, die manchem Auspuff entweichen, schließe ich, dass Salatöl hier günstig zu haben sein muss. Feinstaub pur und in Massen. Ich versuche heroisch, das zu ignorieren.

Dass die Fensterläden innen angebracht sind, finde ich später, nach dem ersten Vormittag unterwegs in Vedado, sehr schön. Mein Apartment ist angenehm kühl, und ich bin beinahe versöhnt. Die neu gewonnene Zuversicht ist das Ergebnis eines Frühstücks mit den Resten von Vollkornbrot aus dem Flugzeug. Und während ich meine ersten Eindrücke in meinem Tagebuch notiere, steht eine Tasse Kaffee neben mir. Wunderbarer kubanischer Kaffee der Marke Serrano, die beste Sorte, die Packung ist rot. Übrigens: Der kubanische Nationalfeiertag ist der 26. Juli. An diesem Tag habe ich Geburtstag. Wenn das kein gutes Omen ist.

Nachmittags geht es zum Markt an der 17. Straße. Die Mutter meiner Vermieterin hat mich an die Hand genommen, zeigt mir, wo ich was bekomme, immer kombiniert mit dem dazugehörigen spanischen Wort. Sie ist eine Frau mit einem großen Herzen. Abends habe ich neben Kaffee nun Reis, Melonen, Tomaten und – Pringles. Für umgerechnet 4,40 Euro. Teuer. Nicht kubanisch. Ich weiß. Aber ein kleiner Tribut an zuhause.

In den nächsten Tagen stürmt viel Neues auf mich ein. Weiter die Straße runter halten die roten Doppeldeckerbusse bei ihren Havanna-Rundfahrten. Die *Oficina de Inmigración* oder so ist ebenfalls nicht weit weg, ganz in der Nähe des Marktes. Bei dieser Behörde muss ich meine Touristenkarte verlängern lassen. Die Bank zum Geldwechseln finde ich drei Straßen weiter.

Den Weg zum Meer muss mir niemand zeigen. Ich sehe es in der Ferne in der Sonne glitzern. Mein erster Abendspaziergang führt mich dorthin. Auf dem Heimweg (man beachte die Wortwahl) besorge ich noch zwei Flaschen Wasser. Außerdem brauche ich Salz, Zucker ... und jede Menge weiterer spanischer Vokabeln. Zudem bin ich ziemlich verwundert, dass ich nicht schon zerflossen bin, wärmetechnisch gesehen. Ach ja, Seife zum Wäschewaschen benötige ich auch.

Apropos Wasser: Für den Fünf-Liter-Plastikballon zahle ich zu Beginn meines Aufenthaltes knapp fünf CUC. Es dauert eine Weile, bis ich begreife, dass der Preis für Wasser staatlicherseits festgelegt ist, zumindest in den staatlichen Läden. Da kostet der Ballon 1,90 CUC. Doch den großen Ballon finde ich in den Staatsläden, die einigermaßen in der Nähe sind, nur selten. Dafür verkauft die private *dulceria* in der 25. Straße (es gibt Croissants und Baguettes zu moderaten Preisen) die Literflasche für 80 CUC-Cents.

In meiner *casa* wird das Wasser abgekocht und dann mittels einer Art Brigitta-Filter von dem dicken weißen Film befreit, der sich auf der Oberfläche bildet, während es abkühlt. Und wenn ich das richtig rieche, ist das Leitungswasser auch mit Chlor versetzt. Zum Zähneputzen nehme ich es trotzdem, ohne dass es mir schadet. Im kubanischen Fernsehen wird zudem immer wieder darauf hingewiesen, dass das Wasser staatlicherseits kontrolliert wird.

Am zweiten Tag weitere Einkäufe. Ganz allein. Salz, Thunfisch, Paprikasauce, Ananassaft …

Ich starte darüber hinaus erste Versuche, ins weltweite Netz zu kommen. WLAN, beziehungsweise Wifi, gibt es, mein Tablet findet auch Verbindungen. Nur das Reinkommen funktioniert nicht. Nicht auf die legale Weise, sagen meine Vermieter. Ich beobachte die Gäste einer Cafeteria in der Nähe, sehe sie in ihre Computer starren und mit ihren Handys und Tablets hantieren. Sie halten sie in die Luft, gehen mal hierhin, mal dorthin, dann wieder hierhin. Ab und an jubelt einer. Dann eilen die Verbliebenen mit ihren Handys sofort zu ihm, beginnen eifrig zu tippen und über Displays zu wischen. In mir keimt der Verdacht, dass es jede Menge kubanischer Menschen gibt, die die Legalitäten ignorieren. Manche Hotelnetzwerke reichen weit, heißt es hinter vorgehaltener Hand. Mir ist die legale Weise lieber, zumal ich ohnehin nicht so viel Geduld habe. Im Hotel Habana Libre soll es einen legalen Zugang und ein stabiles Netz geben, allerdings teuer, für Durchschnittskubaner unerschwinglich. Ich beschließe, mich trotzdem der legalen Möglichkeiten zu bedienen. Später, in ein zwei Tagen. Wenn ich richtig geschlafen habe.

Die Nächte bleiben jedoch schwierig, um nicht zu sagen frustrierend, und ich mutiere zur Frühaufsteherin. Am Morgen ist es ohnehin am schönsten, tröste ich mich, dann liegt noch die Kühle der Nacht über der Stadt. Wobei Kühle um die 26 Grad bedeutet. Tagsüber steigt das Quecksilber auf weit über 30 Grad, die Luftfeuchtigkeit liegt zwischen 80 und 90 Prozent. Es ist ganz schön schweißtreibend, mein Abenteuer Kuba. Es sei denn, ich sitze still in einer Bar. Bis auf die Bewegung, die das Führen eines geeisten Drinks an den Mund nun mal erfordert.

Solche Durchhänger erlaube ich mir jedoch nicht oft. Denn ich habe mir vorgenommen, meine neue Welt zu erkunden, streife begeistert durch die Straßen und fotografiere Häuser – jedes für sich ein Unikat, jedes hat seine ganz besondere Art, alt zu werden. So wie jedes Gesicht seine eigenen Falten entwickelt. Und die Mehrzahl dieser Häuser verkünden auch: Es ist viel Zeit vergangen seit der Revolution, wir haben gelitten. Aber wir sind noch da.

Da ist zudem mein Vorhaben, besser Spanisch zu lernen. Auf dem Gelände der nahen Universität, auf der Suche nach einem Ansprechpartner, begegnet mir Alberto, laut eigener Aussage Professor für Soziologie. Er zeigt mir den Campus, unter anderem den Balkon, von dem aus in den Fünfzigerjahren Che (oder Fidel, da hat Alberto genuschelt) den Studenten erklärt hat, warum sie sich gegen das Batista-Regime erheben sollten. Und er führt mich zum Büro, in dem ich angeblich alle Informationen bekomme, die ich brauche, um mich für einen Spanischkurs einzuschreiben. Vielleicht sollte ich dazu sagen, dass es mit dem universitären Betrieb in La Habana erst gegen neun Uhr losgeht. Ich bin wieder zu früh dran. Die junge Dame, die genügend Englisch spricht, um mich zu verstehen, ist noch nicht da. Ich verspreche, um 9.30 Uhr wiederzukommen. Was ich am Ende doch nicht tue.

Alberto ist in der Zwischenzeit in ein Büro marschiert und hat Hermano im Schlepptau, als er wieder erscheint. Der erklärt, er sei Professor für Spanisch und könne mir Privatstunden geben. Ganz billig. Ich müsse unbedingt am nächsten Morgen gleich zu ihm kommen. Ich nicke. Zusammen zeigen sie mir ihr Vedado, San Lazaro, die Straße der Studenten, die direkt an der große Freitreppe der Universität beginnt, von der aus die Büste der „Alma Mater" über ihre Zöglinge wacht. Sie zeigen mir das gelbe Haus, in dem Che lebte und in dem sich heute die Studenten treffen, oder jenes Haus mit der Aufschrift „26. Juli", in dem sich angeblich heute ein Studentenwohnheim befindet.

Mir wird endgültig klar: Hier hat einfach alles mit der Revolution, zumindest aber mit Politik zu tun. Natürlich auch die Gespräche mit Alberto und Hermano bei einem Drink. Die Bar, in der wir sitzen, gehört einem „berühmten kubanischen Künstler", von dem ich noch nie gehört habe. Alberto weist mich auf ein Foto hin, auf dem dieser mit Led Zeppelin zu sehen ist. Auf einem anderen lächelt er Harry Belafonte zu, der wiederum mit Fidel Castro befreundet war. In der Eile und müde, wie ich bin, verstehe ich jedoch den Namen des Künstlers nicht. Der Mann hat sein ganzes Viertel bemalt und mit Recyclingkunst verschönert. Lustig, verspielt, kraftvoll, gespickt mit Allegorien auf die kubanische Geschichte und Kultur. In diesem Moment kommt der Künstler höchstselbst in die Bar. Hermano macht ein Foto von uns beiden. Der Künstler sieht darauf etwas verstört aus. Ich strahle.

Wir sitzen also in der Bar, und ich beginne zu fragen: Was halten Alberto und Hermano von der Annäherung zwischen Kuba und Amerika? Sind sie begeistert? Mitnichten. Es ist ihnen, frei übersetzt, ziemlich mulmig bei dem Gedanken. Sie wollen nicht, dass ihr Land wieder von Amerika vereinnahmt wird. Andererseits – sie möchten sich etwas leisten können, gut und sicher leben und Zugang zum Internet bekommen. So denken die meisten jungen Kubaner, habe ich festgestellt.

Was würde Tamara Bunke, Tania la Guerillera, die Deutschargentinierin und Revolutionärin sagen, wäre sie nicht mit dreißig Jahren erschossen worden? Auf Kuba ist sie eine Heldin, in Deutschland war sie vor allem in der DDR bekannt. Ich habe im Vorfeld meines Kuba-Abenteuers viel über sie gelesen. Würde sie sagen, der Kampf für den Kommunismus und der Tod so vieler Menschen haben sich gelohnt?

Nein, antworten Alberto und Hermano, das würde sie nicht. Die Menschen damals hätten nicht für den Kommunismus oder den Sozialismus gekämpft, sondern für ein besseres Leben. Dieses Ziel sei nur bedingt erreicht, trotz aller Fortschritte in den Jahren seit der „zweiten großen Krise". Dass nicht alle Ziele erreicht worden sind, bestreiten auch jene nicht, die damals Kämpfer der Revolution waren. Doch wenn ich solche Menschen frage, lautet die Antwort eindeutig: Ja, es hat sich gelohnt. „Von der Öffnung Kubas für die Marktwirtschaft profitieren sowieso nur die Kubaner mit Geld, die mit Verwandten in Amerika", fügt Hermano nach einer Pause hinzu. Ob ich ihnen Geld geben könne, die Milch für die Kinder sei teuer … Ich kann. Dieses Mal jedenfalls. War die ganze Freundlichkeit am Ende nur ein eingefädeltes Manöver? Ich ahne, dass ich solche Fragen noch öfter hören werde. Egal, auch wenn ich mir ein wenig gelinkt vorkomme. Andererseits: Hatten die beiden Herren mir nicht eben noch das Kompliment gemacht, ich sei eine kluge Frau? Ich entscheide mich dafür, an diese Variante zu glauben, gebe ihnen Geld für die Milch, beschließe allerdings stillschweigend, lieber auf die Dienste Hermanos als Spanischlehrer zu verzichten.

Später wird mir klar, dass das tatsächlich eine beliebte Masche ist. Insbesondere vor den großen Hotels und von Frauen, die Kinder mit großen braunen Augen vorschieben, welche hin und wieder auch *„caramelo"* sagen. Sie wollen Bonbons. „Die Straße ist der beste Lehrmeister", sagt am folgenden Abend sehr überzeugend meine Vermieterin, eine

Literaturprofessorin (hier auf Kuba gibt es viele Professoren). Sie erinnert mich immer wieder an eine Südstaatenschönheit, wenn sie so in ihrem Schaukelstuhl auf der Veranda der alten Kolonialvilla sitzt, in der auch mein Apartment liegt. Dort hält sie Hof und stellt mir einen Verwandten, Freund oder Bekannten nach dem anderen vor. Die Unterhaltung mit ihr läuft sprachlich holprig, aber ansonsten bestens, trotz der vorbeiröhrenden Busse. Mit ihrem Mann eher weniger. Der ist der schweigsame Typ. Den Haushalt versorgt Caridad, eine körperlich raumgreifende Haushaltshilfe, die ich nur mit Schürze kennenlerne. Sie lächelt viel, redet wenig, wenn sie sich auf der Veranda ausruht und konzentriert Zahlenrätsel löst. Auch sie lässt sich vom Verkehrslärm nicht stören.

Womit wir wieder beim Verkehr wären. Den Neulingen unter den Fußgängern sei es empfohlen, sich anfangs mindestens drei Verhaltensregeln anzugewöhnen, wenn sie eine Straße überqueren wollen. Erstens: Spähen, ob, falls vorhanden, die Ampel für die Autos Rot zeigt. Wie lange noch, ist von der rückwärts laufenden LED-Anzeige abzulesen. Zweitens, falls Sie keine Ampel entdecken (die hängen meist hoch und für Fußgänger nicht wirklich im Blickfeld): Rennen, sobald sich eine etwas größere Lücke auftut. Übrigens: In Kuba halten die Autos, wenn die Ampel Rot zeigt. Das heißt aber je nach Straßenführung nicht automatisch, dass die Autos der Gegenrichtung auch Rot haben. Drittens: Wer der eigenen Wahrnehmung nicht traut, der richtet sich am besten nach dem Verhalten der Einheimischen. Einen Trost habe ich zu bieten: In Havanna gibt es überwiegend Einbahnstraßen.

An manchen Straßen gibt es sogar Ampeln mit denselben Ampelmännchen wie einst in der DDR. Ich kenne sie aus Berlin. Andere Männchen sind größer und bleiben unbeweglich, solange sie rot sind. Auf einer Straße, die ich oft überquere, in der Nähe des berühmten staatlichen „Eisparks" La Coppelia (Speiseeis ist gemeint), stehen sie stur. Aber wehe, die grüne Phase beginnt. Dann hampelt das Männchen hektisch. Wer über die Straße will, sollte dieses Verhalten übernehmen.

Auch am vierten Tag bin ich unausgeschlafen, mein Kreislauf schlägt Purzelbäume. Also versuche ich, mein träges Blut zu verdünnen und trinke kräftig und ständig Wasser. Und tuKola, die kubanische Version dieser für Longdrinks so wichtigen Zutat. Amerikanische Cola, also die imperialistische, gibt es hier zwar auch, zum Beispiel in den internationalen Hotels, dort ist sie jedoch teuer. Und der Cuba Libre mit tuKola schmeckt ebenso gut. Bald trinke ich sie ganz selbstverständlich, auch ohne Rum.

Reden wir mal über Selbstverständlichkeiten. Zum Beispiel darüber, wie sie das Leben erleichtern können. Auf Kuba gibt es sie anfangs für mich nicht. Nicht für eine von der Dienstleistungsgesellschaft verwöhnte Europäerin. Das einzig Vertraute in dieser lauten, turbulenten Welt Vedados ist mein Computer. Und dann ist da noch eine andere Selbstverständlichkeit, und die gilt wohl überall auf der Welt, auch in einem kommunistischen Land: Alles kostet Geld. In meinem Fall CUC, der *Peso convertible*, den die Besucher einwechseln, oder CUP, kubanische Pesos, die Währung der Einheimischen. Der Wechselkurs ist 1:24/25. Das heißt: Zwölf CUP entsprechen ungefähr 0,50 CUC oder, noch einmal umgerechnet, 50 Eurocents. Die Währungen sollen zusammengelegt werden. Das hat die Regierung vor einigen Monaten angekündigt. Die einzige Nationalwährung wäre dann CUP. Doch niemand kann mir sagen, ab wann.

Wer nun an CUC kommen will, den es nur auf Kuba gibt, hat zwei Möglichkeiten:

Erstens: Am besten gleich nach der Einreise am Flughafen wechseln. Auch große Hotels wechseln, verlangen aber saftige Gebühren. Besser ist es, zu Banken zu gehen wie der *Banco Metropolitano* oder eben zu einer *Casa de Cambio*, kurz CADECA, eine staatliche Wechselbank. Aber bitte nicht einfach auf eine freie Kasse losstürmen. Der Schalter wird den Eintretenden von einem eigens damit beauftragten Menschen zugewiesen. Dieser reagiert im Regelfall sehr muffig, wenn er ignoriert wird. Schlange stehen ist meist garantiert.

Zweitens: Falls das Geld ausgegangen ist, hilft eine Visakarte, aber das bedeutet unter Umständen ebenfalls Anstehen, diesmal am Bankautomaten. In Geschäften können Sie nämlich nicht mit der Visakarte bezahlen. Allerdings sollte die Karte nicht von einem amerikanischen Anbieter stammen. Noch jedenfalls. Teuer wird es trotzdem. Zu den Gebühren fürs Abheben (drei Prozent) kommen die Wechselkursgebühren hinzu, die Sie aber erst auf dem heimischen Kontoauszug finden. Die Automaten sprechen übrigens nur Spanisch und Englisch.

Auch Besucher können mit kubanischen Pesos, CUP, einkaufen, so sie welche haben. Sie bekommen sie ebenfalls in den CADECAS. Auf dem Wochenmarkt, auf dem sich auch die Einheimischen zu für uns günstigen Preisen mit frischem Obst und Gemüse, Fleisch und allerlei anderem eindecken, bekommt man auf CUC kubanische Pesos heraus. In den CUC-Supermärkten ist alles ungefähr so teuer wie in Deutschland.

Noch eine nicht vorhandene Selbstverständlichkeit, die mir als netzaffine Europäerin nach einer Woche schon ein leises inneres Grummeln verursacht: Es ist teuer und schwierig, ins Internet zu kommen. Ich habe aber inzwischen erfahren, da soll sich was tun. Es gibt erste Versuche mit freiem WLAN auf zentralen Plätzen kubanischer Städte, zum Beispiel in Trinidad. Ab Juli soll das auch in Havanna klappen.

„Der Chef von Google war in Kuba", sagt Fernando, Mathematikstudent und Sohn meiner Vermieter, als wir uns auf der Veranda treffen. Jeden Tag sitzt er Stunde um Stunde dort und versucht, in Facebook zu kommen. Ja, Facebook ist in und erreichbar auf Kuba, allerdings für Fernando nur mit einer Eselsgeduld. Ab und zu gelingt es ihm sogar, sich über ein fremdes, aber offenes Netz ohne Bezahlung ins globale Dorf zu schmuggeln. Er hat sogar einen Facebookaccount. Ich merke beim Stichwort Google auf und schaue fragend. „Er hat angeboten, hier umsonst die ganze Infrastruktur einzurichten", ergänzt Fernando. „Aber die Regierung hat abgelehnt. Bis 2020 sollen jedoch die Schulen und Kindergärten angeschlossen sein." Das klingt bitter.

Die gute Verbindung ins Internet ist in Havanna nur in großen Hotels zu haben, zumindest, wenn die Geschwindigkeit meinen verwöhnten Ansprüchen einigermaßen genügen soll. Also wird das nahe Hotel Habana Libre zu meinem Büro. Für zehn CUC die Stunde kann ich dort meine Mails abrufen. Das Ticket ist drei Tage gültig. Hier ist das Internet schnell und relativ stabil. Jedenfalls, wenn es nicht regnet. Die Kapazitäten sind begrenzt. Kuba ist nur über ein einziges Unterseekabel mit der virtuellen Welt verbunden. Nur Ministerien (aber bei weitem nicht alle) und die großen internationalen Hotels haben einen Internetzugang.

Kubaner sind allerdings geduldig und findig. Fernando hat mir vom „wöchentlichen Paket" erzählt. Dahinter verbirgt sich eine landesweite Medienplattform der besonderen Art, angesiedelt im grauen Markt, die nicht in der eigentlichen Form per Mail in die Häuser kommt, sondern per Stick mittels eines kubaweit agierenden Netzwerks von menschlichen Datensammlern und Händlern. „El Paquete Semanal" ist eine Fundgrube – von amerikanischen Filmen bis zu PDFs spanischer Printmedien.

In Havanna gibt es laut http://www.vox.com/2015/9/21/9352095/netflix-cuba-paquete-internet zwei Paketkönige namens Dany und Ali. Diese wetteifern darin, die beste Sammlung von digitalem Content zu liefern, und zwar so aktuell wie möglich. Die Kunden müssen den Gegenwert in CUC oder CUP zwischen einem und drei Dollar bezahlen, bekommen ihr Paket dafür wöchentlich entweder direkt nachhause geliefert, oder sie holen die Daten ab, meist im Hinterzimmer irgendeines Handy-Reparaturladens.

Zurück zu den Selbstverständlichkeiten. Noch etwas suche ich anfangs: BROT!!! Zunächst kann ich nur eine Art Cracker finden. Später dann Brötchen, weiß, weiche Papp-Milchbrötchen, die getoastet gerade noch erträglich schmecken. Deswegen kann ich mir einen Glückshüpfer nicht verkneifen, als ich eine Bäckerei entdecke, die Baguettes verkauft.

Supermärkte in unserem Sinne mit allem, inklusive Obst und Gemüse? Fehlanzeige. Es gibt zwar Supermärkte, doch die führen keine Frischwaren. Fleisch und eine Art Frikadellen gibt es dort nur aus der Tiefkühltruhe. Aber ich entdecke Thunfisch und rote Paprikaschoten in Dosen. Und Cerealien wie Cornflakes, alles für hiesige Verhältnisse sündhaft teuer.

Fürs Frische steuere ich einen der großen oder einen der vielen kleineren *mercados* an. Sie bieten Obst und Gemüse. Frisches Fleisch, überwiegend Huhn oder Schwein, wird über die Theke und ungekühlt angeboten. Es empfiehlt sich also, Fleisch möglichst früh am Morgen zu kaufen, um den Mücken nicht zu viel Zeit zu geben, darüber herzufallen. Oder eben in Märkte mit Importwaren und den Gefriertruhen zu gehen.

Dann wären da noch die fliegenden Händler, die durch die Straßen ziehen und Besen anbieten oder Putzmittel. Man hört ihre Rufe schon von weitem. Es gibt zudem noch Scherenschleifer, manche brüllen, andere zücken ihre Trillerpfeife, wieder andere machen mit einer Panflöte auf sich aufmerksam. Während des Tages kommen Brothändler vorbei, *panadeiros*. Und in fast jeder Straße, die ich durchstreife, findet sich ein Straßenrestaurant oder ein Fensterkaffee. Dort werden aus einer Wohnung heraus Kaffee oder auch Säfte angeboten.

Kaffee: Der kubanische Kaffee ist gut. Die Milch, die ich unbedingt brauche, kostet allerdings dreimal so viel wie in Deutschland, nämlich 2,40 CUC. Überall. Sie wird vom Staat verteilt. Und sie hat sieben Prozent Fettgehalt. Trotzdem, der Morgen nach einer Nacht mit wenig Schlaf sieht mit einer Tasse Espresso mit Milch gleich viel freundlicher aus. Gott segne meine Vermieter, die eine Espresso-Kochkanne ins Apartment gestellt haben. Der Kaffee, wie ich ihn kenne, heißt hier übrigens amerikanischer Kaffee. Nach einer Weile wird mir die Milch zu teuer, und ich steige auf Milchpulver für 3 CUC fürs Pfund um, das ich mir in Wasser (gekauft und aufgewärmt) und in größeren Mengen zwecks Vorratshaltung anrühre. Ich mag keine Klumpen im Kaffee. Für den halben Liter brauche ich laut Gebrauchsanweisung acht Löffel. Das ergibt, geschätzt, etwa fünf Liter Milch.

Dann ist da noch das Salz. Es salzt hier viel stärker als unser Jodsalz. Ich weiß das, weil ich anfangs drei Tage lang versalzenen Reis essen musste. Und ich kann kochen! In Deutschland jedenfalls.

Zur Sicherheit habe ich ein Kochbuch erstanden, das

original-kubanische Rezepte enthält: „Rememberanzes desde el fogón" von Niurka María González Morales. Grob übersetzt heißt das: Erinnerungen aus der Zeit der Feuerstellen. Als Erstes suche ich mir die Kaffeerezepte heraus. Zum Beispiel:

Mama Inés: eine Tasse Kaffee, einen kräftigen Schuss möglichst alten Rum, Honig nach Geschmack, aber bitte nach dem Rum dazugeben.

Café Chocolate: Für zwei große Tassen Kaffee (rund neunzig Milliliter) brauchen Sie laut meinem kubanischen Kochbuch mit den sehr gewöhnungsbedürftigen Maßeinheiten eine kubanische Unze Kakaopulver (ich behaupte jetzt einfach mal einen Esslöffel) und einen halben Teelöffel Canela-Pulver (Kaneelzimt, das ist Stangenzimt, der meist aus Ceylon kommt; gibt es auf Kuba als Pulver in kleinen Tüten, auch flüssig).

Mai

MOMENTAN BIN ICH FROH, dass ich auf einem Hügel wohne und nicht in der tiefer liegenden Altstadt. Habana Vieja steht unter Wasser. Wenn so ein richtiger Tropenregen vom Himmel platscht, das Tropengewitter donnert und tobt, dann kann das schon beängstigend sein. Der Regen fällt dicht wie ein Vorhang aus riesigen, schweren Tropfen. Sturzbäche schwappen über die Rinnen an den Straßenrändern hinaus. Aus den Rohren, die aus den Häusern über die Straßen ragen, schießt das Wasser. Alles, was sich den Naturgewalten entgegenstellt, wie Papier, leere Flaschen, Essensreste, wird weggespült. Ich vermute ins Meer.

Und wieder einmal grassiert die Sorge, dass viele der alten und oft ziemlich baufälligen Häuser in Habana Vieja den Fluten, die immer wieder vom kubanischen Himmel prasseln, irgendwann nicht mehr standhalten und einstürzen könnten.

Nach Berichten der Tageszeitung „Granma", dem Presseorgan der kommunistischen Partei, waren dieses Mal über 1400 Häuser überflutet, darunter 400 staatliche Einrichtungen. Der anhaltende Regen führte zudem zum Ausfall von über vierzig Elektrizitätsnetzen. Zahlreiche Straßen waren durch Überschwemmungen nicht befahrbar, die Kanalisation vollkommen überlastet. Die Folge war der zeitweise Kollaps des öffentlichen Verkehrs.

Drei Menschen sollen bei dieser Sintflut gestorben sein. Laut einem offiziellen Bericht sind im Stadtgebiet von Havanna mindestens 47 Gebäude zusammengebrochen. Am schlimmsten fiel die Bilanz in den Stadtteilen Centro,

Cerro, Vieja, Plaza de la Revolución und Playa aus. 1249 Menschen mussten ihre Wohnungen verlassen.

Das Printmedium der Partei ist übrigens nach der Yacht Granma benannt, mit der 82 Revolutionäre der kubanischen „Bewegung des 26. Juli" unter Führung von Fidel Castro am 25. November 1956 von Tuxpan (Mexiko) nach Kuba übersetzten, um das Batista-Regime zu stürzen. Die Zeitung ist nicht aufwendig gemacht, in Schwarz-Weiß gehalten, und sie wird von den Menschen aufmerksam studiert. Nur der Name im Kopf ist rot. Bei der Zeitung für die Jugendlichen, die ansonsten ebenfalls Schwarz-Weiß daherkommt, ist der Kopf in Blau gehalten. Und dann gibt es noch das offizielle, also ebenfalls von der Partei herausgegebene Presseorgan für die kubanische Arbeiterschaft.

Obwohl ich in meiner *casa* weniger in Gefahr bin, überflutet zu werden, denke ich ständig über einen Umzug nach. Denn mein Problem bleibt. Ich schaffe es einfach nicht, den Verkehrslärm auszublenden. Selbst verzweifelte Maßnahmen schaffen keine Abhilfe. Ich habe entschieden den Verdacht, dass es einen Trick beim Umgang mit Ohrstöpseln geben muss. Ich rolle, ich stopfe, ich drücke die Dinger, die im Flugzeug beim Hinflug verteilt worden sind, aber ich schaffe es einfach nicht, meine Gehörgänge damit zu verschließen. Sie ploppen immer wieder heraus. Deswegen habe ich jetzt Tag und Nacht Watte in den Ohren – und die tun mir langsam weh vom Stopfen.

Ich halte es in meinem Apartment auch tagsüber kaum noch aus, der Lärm hat sich in meinem Kopf und meinem Körper breitgemacht wie ein Krake. Zwecks Stressabbau mache ich mich ständig davon und erledige Einkäufe, obwohl ich eigentlich nicht so der Einkaufstyp bin.

Der Markt in der 17. Straße ist immer wieder ein herrliches Erlebnis und bietet Ablenkung. Wer in Deutschland

Wochenmärkte liebt, ist hier gut aufgehoben. Es gibt auf den ersten Blick zumindest alles, was mein Magen begehrt. Wurst – na ja, mal sehen, ob ich mich da ranwage; der gekochte Schinken sieht gut aus. Der erste Geschmackstest erfolgt mittels dreier belegter Brötchen, eines mit Schinken, eines mit einer ziemlich fettigen Salami (diese Salami heißt hier *Chorizo* und ist sehr lecker) sowie eines mit Käse. Ich habe inzwischen auch kubanische Pesos eingetauscht, das erspart mir die Notwendigkeit des Umrechnens.

In meiner Verzweiflung kehre ich zudem oft zur Universität zurück, immer auf der Suche nach einem ruhigeren Ort. Meist besuche ich Alexander von Humboldt, dessen Büste in einem kleinen Park auf dem Unigelände steht. Und, ich gestehe, anfangs auch in der Hoffnung, mich ins www-Netz der Universität schmuggeln zu können. Alejandro von Humboldt hat viel über Kuba geforscht und geschrieben, hat es quasi bekannt gemacht. Die Kubaner haben ihm deshalb sogar einen Nationalpark gewidmet. Aber ruhig ist es hier auch nicht. Allerdings höre ich hier nicht die röhrenden Motoren, sondern die Stimmen von Menschen, von vielen und jungen Menschen, untermalt vom Gesang der Vögel. Und das ist besser als Autos. Also komme ich immer wieder. Kubaner reden übrigens lauter als die meisten Deutschen. Doch lange nicht so laut wie Chinesen. Oder Italiener. Dafür näseln sie, ein bisschen wie Portugiesen.

Havanna ist eine junge Stadt, ich muss oft an Berlin denken, wenn ich die Straßen durchstreife. Die Hauptstadt Kubas wirkt auf mich ebenfalls unfertig, ist jeden Tag aufs Neue im Werden. Was sage ich, sie befindet sich mitten in einer stürmischen Entwicklung. Das ist eine Atmosphäre, in der ich mich wohlfühle, denn sie vermittelt mir diesen bestimmten Swing, dessen Takt von der Erwartung bestimmt ist, dass alles anders und selbstredend damit besser wird.

Ich entdecke viele europäische Einflüsse in Havanna, was nicht weiter verwunderlich ist, da die Insel eine spanische Kolonie war, aber auch afrikanische, russische, asiatische, amerikanische. Die Stadt ist ein Schmelztiegel der Kulturen, in dem eine ganz eigene Mixtur der Kreativität brodelt, aber auch der Extreme. Im guten wie im schlechten Sinn. Das Mittelmaß hat unter solchen Bedingungen weniger Raum, was manchmal ganz schön mühsam sein kann. Denn alles jenseits dessen erfordert Aufmerksamkeit, Einordnung ins eigene Urteilssystem und damit natürlich auch Anstrengung. Und das kann bei den herrschenden tropisch-schwülen Klimaverhältnissen bei mir phasenweise bis zur Verweigerungshaltung führen. Dann gönne ich mir einige Stunden am Pool des Hotels Habana Libre, ganz touristisch.

Dort kann ich dann mit etwas mehr Ruhe über das Verhältnis von Jung und Alt in der kubanischen Gesellschaft nachdenken. Es soll einen ursächlichen Zusammenhang zwischen Bildung und Kinderzahl geben – je höher die Bildung, desto weniger Kinder. Ich habe mich oft gefragt, warum das so ist. Kuba bestätigt diese These. Kubaner gehen bis zur 9. Klasse in die Schule, bis dahin besteht die Schulpflicht. Die Alphabetisierungsrate im Land ist eine der höchsten der Welt, sie liegt laut einer Statistik des Human Development Reports der Vereinten Nationen von 2007/ 2008 bei 97 Prozent. Eine Schule findet sich fast an jeder Ecke. Die Farben der Schuluniformen sagen etwas darüber aus, wer in welche Klasse geht. Die Jüngeren tragen unten Rot und oben weiße Blusen oder Hemden. Die Älteren zu den weißen Blusen und Hemden Ocker, Grün, Blau, Braun. Und alle steigen sie am Ende eines zumeist langen Schultags (Essen gibt es in der Schule) in Schulbusse, deren beste Jahre schon lange vorbei sind.

Die meisten Familien haben nicht mehr als ein, zwei Kinder. Noch vor einer Generation sah das anders aus, da konnten es auch schon mal mehr sein. Und das heißt: Die Kubaner werden bald ebenso mit dem Problem der Überalterung ihrer Gesellschaft zu kämpfen haben wie wir. Derzeit sind ungefähr achtzehn Prozent der Menschen auf der Insel älter als sechzig Jahre. Das bedeutet, die Regierung muss immer mehr Geld aufbringen, um das Gesundheitssystem zu finanzieren, das für Kubaner ja kostenlos ist.

Am Pool des Habana Libre bedient mich Adonis, etwa Mitte zwanzig. Doch, er heißt wirklich so. Und er sieht auch so aus. Es gibt dort aber noch mehr zu beobachten, Szenen, wie ich sie auch im Straßenbild Havannas immer wieder erlebe. Ergraute Herren, die mit eingezogenen Bäuchen daherschreiten, als wären sie Adonis, begleitet von jungen Schönheiten, manche meiner Einschätzung nach nicht älter als vierzehn, fünfzehn Jahre. Damit kein falscher Eindruck aufkommt: Ich sehe auch immer wieder ältere Frauen, Europäerinnen meist, mit jungen kubanischen Männern.

Prostitution ist auf Kuba verboten, doch allgegenwärtig, der Sextourismus in allen seinen Spielarten hat längst Fuß gefasst. Die auf Kuba *jinetera* (Reiterinnen) genannten Prostituierten und ebenso die Strichjungen gehen ein extrem hohes Risiko ein. Wenn ihr Geschäft auffliegt, droht ihnen eine Gefängnisstrafe von bis zu fünfzehn Jahren. Doch niemand in diesem staatlichen Hotel stört sich an den offen gezeigten eindeutigen Absichten des südamerikanisch wirkenden Seniors, der eine junge Schönheit besitzergreifend am Arm gepackt hält. Die beiden lassen sich auf den beiden Liegen neben mir nieder. Sie räkelt sich, klimpert mit ihren langen falschen Wimpern, lächelt, während er redet und redet, und ihre Ohrringe glitzern in der Sonne.

Ich habe inzwischen meine Sonnenbrille aufgesetzt, so kann niemand erkennen, wohin ich schaue. Ein Schauspiel der homoerotischen, ebenfalls gekauften Liebe bietet sich mir zwei Liegen weiter. Ein Europäer – ich schätze in den Sechzigern – redet auf Englisch auf einen jungen hübschen Mann ein, Anfang zwanzig vielleicht, mit hochgegelter blondgesträhnter Frisur. Der junge Begleiter hört zu. Er ist weiß gekleidet, schlank, legt trotz der prallen Sonne seine Kleidung nicht ab. Die weiße Haut des Europäers bekommt nach und nach einen Rotton. Nach einer Weile ähnelt er einem Hummer. Vermutlich wird er in dieser Nacht keine große Freude an Berührungen haben.

Auf Kuba ist die gleichgeschlechtliche Liebe seit 1979 straffrei, allerdings sind Schwule und Lesben auf der Insel auch nach der Revolution lange marginalisiert worden. 2010 hat sich Fidel Castro sogar öffentlich für die Verfolgung von Homosexuellen in den Anfangsjahren der Revolution entschuldigt. Seit 2008 werden Geschlechtsumwandlungen vom kubanischen Gesundheitssystem kostenlos übernommen. Und im Jahr 2013 verabschiedete das kubanische Parlament ein neues Arbeitsgesetz, das die Diskriminierung aufgrund der sexuellen Orientierung verbietet.

Die Stunden am Pool bescheren mir noch eine weitere Erkenntnis: Das Arschgeweih scheint eine systemübergreifend beliebte Erfindung zu sein, ebenso wie übrigens die Energiesparbirne. Tattoos sind aber auch an anderen Körperstellen groß in Mode. Manche der Badegäste haben fast ihren ganzen Körper mit Bildern verzieren lassen, und das betrifft nicht nur die Jüngeren.

Doch auch die schönste Wellness-Beobachtungsphase geht einmal zu Ende, irgendwann muss ich zurück in den Lärm. Die Ohrstöpsel, die ich noch schnell in der *farmacia* des Habana Libre kaufe, helfen später auch nicht weiter.

Der Lärm dringt durch. Es sei denn, ich stecke zusätzlich die Finger in die Ohren. Nachts habe ich damit allerdings Probleme. Ich schlafe auf der Seite.

Gegen vier Uhr morgens nach einer weiteren fast schlaflosen Nacht beschließe ich: Jetzt ist es genug, ich brauche eine andere Bleibe. Der ständige Lärm macht mich kirre, vermüllt mein Gehirn. Ich kann mich auf nichts konzentrieren, weiß nach fünf Minuten schon nicht mehr, wo ich meine Brille hingelegt habe, und suche sie eine Stunde. Ich kann nichts mehr essen, lebe von Säften und tuKola.

Erneut flüchte ich also in aller Frühe aus meiner Bleibe, streife durch die Straßen von Vedado auf der Suche nach Häusern, an denen der blaue Anker der *casas particulares* zu sehen ist, das Zeichen für die – staatlich kontrollierten – Privatvermieter, die einen gehörigen Teil ihrer Mieteinnahmen als Steuern abführen müssen. Jeder Gast ist zudem sofort anzumelden, mit allen Einzelheiten, inklusive Passnummer. So kann kein Tourist verloren gehen.

Nach fünf Stunden Fußmarsch durch Vedado werde ich fündig. Die Umgebung gefällt mir auf den ersten Blick, das Haus auch, ich denke: Klingel einfach mal – und laufe einem Schriftstellerkollegen und seiner Frau in die Arme, buchstäblich. Eine sanfte Dämmerung herrscht im Haus. Sie haben im oberen Stockwerk ein kleines Apartment zu vermieten: Küche, Schlafzimmer, Bad, Arbeitszimmer auf der überdachten Veranda, alles sehr gepflegt und liebevoll eingerichtet. Ich kann aber auch nach draußen auf eine Art Dachterrasse. Außerdem darf ich meine Sachen da lassen, wenn ich kurz ausfliege, um daheim dringende Angelegenheiten zu regeln, oder einfach nur für ein paar Tage zum Beispiel nach Nassau, in die Hauptstadt der Bahamas. Ich muss außer Landes, wenn ich eine neue Touristenkarte für 25 CUC brauche. Die Verlängerung ist nur einmal möglich.

Zwei Menschen, eine Frau in den Fünfzigern und ein älterer Mann, sitzen mir mit interessierten Augen gegenüber. Wir verstehen uns auf Anhieb. Bei einer Tasse Espresso, süß und stark, kommen wir schnell zur Überzeugung, dass wir auf einer Wellenlänge liegen. Als dazu noch klar wird, dass Ernestina dasselbe Sternzeichen wie meine Mutter hat und Juan Carlos das meines Vaters, werde ich kurzerhand adoptiert. „Hier bei uns bist du gut aufgehoben, sicher und beschützt", sagt Juan Carlos und fördert eines dieser Geräte zutage, mit denen man den Lärm misst. Im Haus nebenan gibt es nämlich eine Wasserpumpe. Sie pumpt das Wasser nach oben in die Tanks auf dem Dach des sechsstöckigen Nebenhauses, von wo aus der Druck dann reicht, um es in die Wachbecken, Duschen und Bäder zu transportieren. Die Pumpe springt genau in dem Moment an, in dem er darüber spricht. Das Messgerät zeigt aber nicht mehr als 75 Dezibel. Juan Carlos erklärt, dass die Pumpe viermal am Tag für jeweils eine Stunde läuft. „Aber in deinem Schlafzimmer ist sie kaum zu hören."

Diese Nachricht kann mich nicht erschüttern, viermal am Tag 75 Dezibel schaffe ich mit links. Und nach einer weiteren Viertelstunde merken wir, dass wir einander viel zu erzählen haben. Ja, in diesem Haus kann ich mir das Leben vorstellen. Ich bin einfach nur erleichtert. Die Qual des Lärms hat ein Ende. Ich werde an einer Nebenstraße der Infanta in einem hübschen Haus in einigermaßen ruhiger Lage wohnen, unweit des Malecón. Die berühmteste Mauer Havannas wurde 1972 eingeweiht und liegt am Meer. Von meiner Dachterrasse aus kann ich zuschauen, wie die Sonne über dem Wasser untergeht. Nicht weit von meiner neuen Bleibe liegt zudem ein kleiner Park mit Bänken unter einem großen Flammenbaum, auch Flamboyant, auf Spanisch *flamboyán*, genannt. Umzug ist nächste Woche!

Ernestina und Juan Carlos sind schon über zwanzig Jahre verheiratet. Und es wird schnell klar, dass sie nicht immer einer Meinung sind. Juan Carlos liebt seine Ernestina. Sie putzt aber seiner Ansicht nach zu viel. Manchmal sogar nachts, wenn er gerade schlafen will. Ernestina ihrerseits erklärt mir im selben Atemzug begeistert, was sie oben im Apartment noch alles zu putzen und zu wienern gedenkt, bevor ich einziehe. Juan Carlos findet, sie soll lieber ihn streicheln, statt dauernd den Boden zu wischen. Ob er da nicht recht habe? Er schaut mich erwartungsvoll an. Ernestina ebenfalls. Ich strahle beide an und erkläre, ich hielte sie für sehr sympathische Menschen, würde mich aber nicht als Schiedsrichterin in Ehefragen eignen. Das schien die richtige Taktik zu sein, denn beide lächelten zurück.

Noch eine Woche also. Bis dahin habe ich eben weiter Watte im Ohr. Nach dem Handschlag meint Juan Carlos schmunzelnd: „Na, ich denke, heute haben wir einen Menschen glücklich gemacht." „Bis in einer Woche", sagt Ernestina und nickt. Ich ebenfalls.

Hoffnung verleiht Schwung. Und so marschiere ich danach noch weiter, um den Namen des Künstlers zu erfahren, der dieses wunderbar bunte und vielfältige Recyclingdorf mit der Adresse Callejón de Hamel zusammengestellt hat. Bänke aus Badewannen, ein Glücksstuhl – auf den ich mich natürlich setze, sicher ist sicher, damit es mit der neuen Bleibe auch klappt. Der Künstler heißt Salvador Gonzáles Escalona. Ich habe den Namen noch nie gehört. Sonntags um die Mittagszeit gibt es dort Rumba-Konzerte, bekannte und unbekanntere Bands.

Und danach? *Frente Malecón* – ich sitze in einer kleinen Bar unweit der Rampa (die Straße mit der Nummer 23) gegenüber jener gut einen halben Meter breiten Mauer am Meer. Es ist ein angenehmer Ort, auch wenn zwischen mir und dem Malecón eine breite Prachtstraße mit viel lautem Verkehr liegt. Wahrscheinlich hält mich der Kellner für etwas debil, weil ich ständig vor mich hin grinse.

Die Wellen branden an die Felsen und spritzen an manchen Stellen die Kinder nass, die auf der Mauer laufen. Sie juchzen und lachen. Der Wind hat aufgefrischt, weiße Reiter auf die Wellenkämme gezaubert. Er bläht die rote Tischdecke des Restaurants gleich neben der Casa del Son, wo ich demnächst bei Orestes Salsa lernen werde. Das habe ich heute auch noch gleich klargemacht. Ich summe vor mich hin. Kuba ist so voller Musik – Salsa, Rumba, Guajira und natürlich auch Rap und House. Die meisten Texte sind auf Spanisch.

In der Ferne, gegenüber der Landspitze mit der Festung Castillo des los Tres Reyes del Morro, also der Heiligen Drei Könige, tanzt ein Dreimaster zu meiner Melodie auf den Wellen. Der Kellner erklärt mir, dass es ein Schiff der ecuadorianischen Marine ist, das vor dem alten Hafen von Havanna ankert.

Über den Dächern und der Straße kreisen majestätisch und scheinbar mühelos mit weiten Schwingen die großen schwarzen Vögel, die überall am Himmel zu sehen sind. Geier, hat mir unsere Reiseleiterin bei meiner ersten Kubareise erklärt. Truthahngeier präzisiert später das Internet. Sie sind am Himmel ebenso zahlreich wie die Hunde auf den Straßen von Vedado. Letztere streunen umher, halten Siesta in schattigen Ecken und Winkeln, kacken überall hin, bellen nicht, außer wenn die Nacht hereinbricht und sie einander noch schnell etwas zu erzählen haben. Und sie sind absolut friedlich. Das ist sehr gut, denn es gibt viele von ihnen. Hin und wieder sehe ich einen Hund an der Leine, aber das ist selten. Ich weiß nicht, ob diese Streuner jemandem gehören. Vielleicht fungieren sie als eine Art

Müllabfuhr, fressen die Fleisch- und andere Essensreste auf, die sich immer wieder auf den Straßen finden.

Ich sehe zwei Frauen an der Meermauer entlanglaufen. Die eine schiebt einen Supermarkt-Einkaufswagen, die andere trägt ausgebeulte Taschen. Die große gestreifte Sorte aus Plastik. Es geht viel hinein. In diesem Fall leere Plastikflaschen. Menschen wie diese Frauen sind neben den großen grauen Mülltonnen am Straßenrand, den Geiern, den Hunden und den Katzen in den Straßen von Havanna eine weitere Säule der Müllabfuhr.

Die grauen Container gehören jeweils zu bestimmten Straßenzügen, dort wandert alles hinein. Und die Recyclingmenschen von Havanna klauben alles heraus, was verwertbar ist. Fernando, der Sohn meiner ersten Vermieter, hat mir einmal erzählt, manche von ihnen seien dadurch reich geworden. So recht kann ich das nicht glauben. Der Umweltschutz scheint im Übrigen, zumindest in Havanna, kein Thema zu sein. Trotz der Plakate und aller Mahnungen im Fernsehen, die Straßen sauber zu halten. Getränkedosen werden einfach auf die Straße geworfen, sobald sie ausgetrunken sind. Und dann kommen die freiberuflichen Müllsammler, klopfen sie platt, sammeln sie ein und verkaufen das Metall.

Außerdem sind da noch die allgegenwärtigen Plastiktüten. Ja, genau, jene weißen dünnen Plastiktüten, die inzwischen in riesigen Inseln die Meere verseuchen. Egal wohin Sie sehen, Sie werden in den Straßen Havannas Menschen mit Plastiktüten entdecken. In den Supermärkten werden alle Einkäufe automatisch in eine solche Tüte gepackt. Als brave deutsche Mülltrennerin sammle ich die Tüten und verwende sie für meinen Hausmülleimer. Nach einer Weile habe ich immer eine aus der Heimat mitgebrachte Jutetasche dabei. Sehr zum Erstaunen meiner Umgebung.

In jenen ersten Wochen habe ich noch etwas Wichtiges gelernt. Nämlich, wie ich den Stadtplan richtig lese. Die Straßen von Vedado sind schachbrettartig angeordnet, haben meistens Nummern und Buchstaben statt Namen. Allerdings nur bedingt in einer für mich logischen Reihenfolge. Ich lebe – noch – in der 27. Wenn ich die Straße in Richtung Meer am Hotel Habana Libre vorbeigehe, kreuze ich die 25, die 23, die 21 (da links geht es zur CADECA), dann folgen die 18 und die 17. Nur die Geier von Havanna kennen sich in dieser Logik aus. Oder die Amerikaner, die wohl die Ideengeber für diese Form von Orientierung waren. In New York haben die Straßen ebenfalls Nummern.

Den Markt in der 17. besuche ich immer wieder. Neben Tomaten und Gurken erstehe ich schließlich auch so eine Art Kassler. Ein *libra*, ein kubanisches Pfund. Das sind etwa 450 Gramm. Ich habe alles am selben Tag gegessen. Danach ist mir schlecht.

Auf meinen Strefzügen durch die Stadt werde ich immer wieder angesprochen, bekomme mehrfach eindeutig zweideutige Angebote, wenn ich zu erkennen gebe, dass ich etwas Spanisch spreche. Ach ja, die kubanischen Männer. Sie sprechen mich immer wieder an, erzählen mir unaufgefordert dieses oder jenes, fragen, woher ich komme. „Alemana." „Ah Alemana. Alles paletti?"

Manchmal frage ich mich, ob ich so heiße. Imelda, eine Pool-Bekannte, hat mir eine gute Antwort verraten, Kuba-Slang für „alles paletti": „Todo esta fraise." Alles Erdbeere. Sie behauptet, dann glaubt jeder, ich sei eine Kubanerin. Na ja, vielleicht besser nicht. Wenn ich so tue, als verstünde ich Nullkommanichts, kann ich meine ungebetenen Begleiter, die sich manchmal ziemlich penetrant als Liebhaber anbieten, schneller abwimmeln.

Für die Liebe ist es mir ohnehin zu heiß. Also denke ich

über Farben nach, Farben der Haut. Bei den Menschen, die ich auf der Straße sehe oder denen ich am Pool begegne, finden sich alle Schattierungen von hell bis dunkel. Und welche Hautfarbe ein Mensch auf Kuba auch hat – jeder scheint gleich viel zu gelten. Das gehört zu jenen Dingen, die ich an diesem Land sehr schätze. Dass es doch so etwas wie einen unterschwelligen Rassismus gibt, erschließt sich mir erst sehr viel später, als mein Spanisch besser wird und ich einige der Bemerkungen am Rande verstehe.

Apropos Farben: Reden wir über Mode. Klar, auch bei Kubanern gibt es den Schlamperlook für daheim. Doch die Kubanerinnen, die ich in Havanna auf der Straße beobachte, sind meist trendy gekleidet. Egal, ob dick, dünn oder dazwischen, ob reich, arm oder dazwischen, die kubanischen Frauen haben Stil und Haltung, finde ich. Nun könnte man sagen, klar, Havanna ist die Hauptstadt. Aber das gilt auch fürs Land und kleinere Städte, wie mir schon bei meiner ersten Reise aufgefallen ist. Und es gibt in Havanna jede Menge junger Modemacher. Von einem, Juan Carlos Louis González, habe ich im Habana Libre eine Modenschau gesehen – eine Mischung aus leichten Stoffen und Folklore, aber auch eine wunderbare Abendrobe aus mit Blumen bestickter Seide. Tragbar und flippig zugleich. Gefiel mir. Ich bin gespannt, wann die ersten kubanischen Modemacher in die Welt der Reichen und Schönen vorstoßen.

Ich habe allerdings keine Ahnung, wie es die Models geschafft haben, auf diesen höllisch hohen Stöckelschuhen zu laufen, und das auch noch graziös. In diesem Jahr scheinen auch im Alltag Stöckelschuhe angesagt zu sein. Oder Plateausohlen. Oder ganz flache Sandaletten, meist Flipflops mit Glitzer. Jede Kubanerin zeigt zudem unbefangen, was sie hat, mag die Körperfülle auch noch so groß sein, schwenkt die oft nicht unerhebliche untere Rückenpartie, wogt nach bestem Vermögen dahin. Alle angetan mit Ohrringen, manche im Paillettenlook, in wehenden Kleidern, andere wieder in hautengen Shirts, die die Formen betonen, oder in Hotpants. Und wenn die Jeans vorne Löcher haben, dann ist das nicht der Armut der Trägerin geschuldet, eher im Gegenteil. Der Vintage-Look, den ich aus Deutschland kenne, hat es auch bis hierher geschafft.

Am Abend wird der Tagesschmuck noch mit anderen, mehr oder weniger echten, aber immer augenfällig funkelnden Armreifen, Ringen, Ketten ergänzt. Dazu ein nicht immer dezentes Makeup, schwarz umrandete Augen, Düfte aller Art. Ich frage mich seit meiner Ankunft immer wieder, wie die kubanischen Frauen und Mädchen sich das leisten können. Denn Kleidung ist teuer, Schmuck ebenfalls. Und die Löhne der Menschen sind niedrig. Außerdem gibt es auf Kuba, soweit ich das weiß, keine nennenswerte Textilindustrie. Es muss also alles auf die Insel gebracht oder selbst geschneidert werden. So es denn Stoffe gibt.

Und während ich bei dreißig Grad vor mich hin triefe und jedes Stückchen Schatten dankbar aufsuche, wirken sie wie frisch aus dem Ei gepellt. Kein Schweißtropfen auf der Stirn. Und vermutlich auch nicht anderswo.

Die Männer? Sagen wir es mal so: Es gibt auch unter ihnen Paradiesvögel. Aber eher weniger. Was mich allerdings sehr für die hiesigen Herren einnimmt: Ich habe nur wenige mit Shorts, Tennissocken und Birkenstocksandalen gesehen! Wenn, dann wenigstens ohne Socken und mit trendy Marken-Turnschuhen.

Apropos Marken: Sprechen wir wieder über Autos. Ich verstehe leider nicht allzu viel davon, aber einige erkenne ich doch. Dodge, Cadillac, Pontiac, Buick, in den Straßen von Havanna geht es zu wie in amerikanischen Filmen aus den Fünfzigerjahren. Damals, als noch Batista regierte, kamen sie in Massen aus Amerika nach Kuba. Nach Batista, nach der Revolution, kamen sie nicht mehr.

Und so fahren sie noch heute. Mit Fenstern und ohne, ausgebeult, eingebeult, neu und alt lackiert. Mit geflickten, tausendfach gespachtelten und überpinselten Kotflügeln oder ohne, mit Spoiler und ohne, mit Kühler, oder was auch immer. Der deutsche TÜV hätte seine helle Freude. Mit den Jahren kamen aber dann doch noch andere Autos auf die Insel. Ladas zum Beispiel. Ich habe aber auch alte Fiats gesehen. Die Marke Toyota scheint es den Kubanern besonders angetan zu haben.

Ich kann es nur immer wieder betonen: Die Oldtimer fahren. Während der vergangenen Wochen habe ich kein einziges Auto gesehen, das nachhaltig am Straßenrand liegengeblieben wäre. Entweder, die Kubaner sind alle Fachleute und können ihre Autos selbst in Schuss halten, oder die Werkstätten beziehungsweise die Automechaniker sind einfach gut. Die Betonung liegt auf Mechaniker. Hätten die Amerikaner zur Batista-Zeit unsere elektronisch hochgerüsteten Karossen auf die Insel gebracht, vielleicht wären sie heute nicht mehr fahrtüchtig. Obwohl, den Kubanern traue ich in Sachen Autos einiges zu.

Ersatzteile werden selbst gebastelt oder angepasst. So erzählt es zumindest meine Freundin Angela. Ich kenne sie seit meiner Busrundreise im letzten Jahr. Sie war die Reiseleiterin, hat nach ihrem Studium bei einem staatlichen Reiseveranstalter ihre „sozialen Jahre" abgeleistet, eine Zeit, in der die jungen Menschen auf eine gewisse Weise zurückgeben müssen, was der Staat an Ausbildung und Erziehung in sie investiert hat. Angela findet das vollkommen in Ordnung. Für Frauen sind es drei Jahre, für Männer zwei, weil die ja auch noch die dreijährige Militärzeit ableisten müssen. Angelas Freund hat den Militärdienst hinter sich und leistet seine soziale Zeit bei Gericht ab – als eine Art Richter. Er hat Recht studiert. In den vergangenen Jahren haben private Reiseagenturen die Arbeit aufgenommen – und die bezahlen um Klassen besser als der kubanische Staat, sagt Angela. Sie hat ihre eigene kleine Wohnung. Selbst für „Normalverdiener", ohne die Trinkgelder der Touristen, ist die Finanzierung einer eigenen Wohnung kaum möglich, bezahlbarer Wohnraum ist rar. Deswegen bleiben die meisten Kinder weiter im Haus ihrer Eltern, auch dann noch, wenn sie selbst Kinder haben.

Ganz im Gegensatz zu so mancher romantischen Vorstellung ist ein Mehrgenerationenhaushalt nicht immer ein reines Vergnügen. Manchmal leben mehr als zehn Personen in nur wenigen Zimmern. Angela hat dazu auch eine Geschichte zu erzählen. Anfangs lebte sie mit ihrem Freund und dessen Familie in einem Haus. Sie hat sich jedoch mit der Schwiegermutter nicht allzu gut verstanden. Und so ist sie, finanziell durch ihre Eltern unterstützt, die beide Ärzte sind, kurzerhand ausgezogen. Jetzt lebt sie allein in einem ganz guten, ziemlich sicheren Stadtviertel. Je nach Größe und Lage sind Apartments schon zwischen 12 000 und 20 000 CUC zu haben. Gemessen an den Löhnen ist das jedoch ein Vermögen.

Noch eine weitere Entdeckung mache ich: Die Inselbewohner scheinen sportbegeistert zu sein. Wenn man dem Fernseh-Sportkanal glauben darf, dann war Kuba bei praktisch jedem „Championat del Mundo" seit Bestehen der Fernsehberichterstattung dabei. Leichtathletik, Baseball, aber auch Schach, sogar Spiele der deutschen Bundesliga werden gezeigt. Sportmuffel können sich mit Novelas und mit amerikanischen Serien vergnügen sowie Spielfilmen, manchmal auch mit Reportagen, die man bei uns in Phoenix sieht, wie „Schätze der Welt". Und es gibt jede Menge Sendungen zur

Geschichte. Das Wort Revolution fällt gefühlt tausend Mal an jedem Fernsehtag in irgendeinem Sender.

Außerdem werden die Kubaner erzogen. Es geht um die richtige Art des Händewaschens, dass man auf der Straße nichts wegwerfen soll, darum, fleißig zu sein, seine Eltern zu lieben, darum, wie toll alles ist, was Kuba zu bieten hat, wie weit die kubanische Gesellschaft inzwischen gekommen ist.

Ich habe kubanische Bekannte gefragt, wie sie die ständige Erziehung empfinden, bekomme aber selten eine klare Antwort. „So, so", sagt zum Beispiel meine Freundin Angela, während sie in ihrer Küche ein typisch kubanisches Essen kocht: Reis mit Bohnen, Hühnerschenkel, Bananen, Kohl. Apropos Essen: Ohne die Novelas gäbe es vielleicht die privaten Restaurants auf Kuba nicht. Sie heißen *paladares*. Vorbild und Namensgeber für sie alle war die brasilianische Novela „Vale Tudo", die auf Kuba Anfang der Neunziger zu sehen war. Die Hauptfigur Rachel Accioli (gespielt von Regina Duarte) betreibt darin eine Restaurantkette mit diesem Namen. Und wie es der Zufall will, begann die kubanische Regierung just zu dieser Zeit die ersten Lizenzen für Privatunternehmer auszugeben. So können Novelas die Welt verändern.

Juni

HINTER DEN MAUERN, den Fassaden, zwischen Welten, zwischen Leben, von der Idee zum Experiment: Das Motto oder besser die Mottos der Duodézima Biennale von Havanna, der zwölften Kunstmesse also, treffen es auch für mich, für meine Beziehung zu diesem Land. Als ich das erste Mal hier gewesen bin, auf dieser wunderbar organisierten Busrundreise für Touristen, da war es Liebe auf den ersten Blick. Doch wie es mit einer Liebe anfangs oft geschieht: Sie ist blind für die Schattenseiten. Und die Sonne Kubas wirft manchmal harte Schatten. Sie legen sich hin und wieder auch über das Verhältnis zwischen Touristen und Einheimischen. Wer das Geld hat, auf die Insel zu fliegen, ist in den Augen vieler Kubaner reich. Und so haben einige Kubaner keineswegs ein schlechtes Gewissen, von Touristen hier mal einen Peso, dort mal einen CUC mehr zu verlangen, als sie den Einheimischen abnehmen würden.

Und jetzt? Die Liebe gleich aufgeben? Hinter allem das Übel sehen? Damit wäre den Kubanern Unrecht getan. Denn ebenso wie in anderen Gegenden der Welt gibt es die Guten und die Bösen. Und die dazwischen. Trotz Kommunismus – oder Sozialismus, wie manche Kubaner das lieber beschreiben – hat der Kapitalismus längst in den Alltag Einzug gehalten. Wenn es ums Geld geht, schlägt sich jeder durch, wie er kann. Wie bei uns.

Die Löhne auf Kuba sind in den letzten Jahren kaum gestiegen. Die Lebenshaltungskosten dagegen schon, die Schere geht immer weiter auseinander. Doch ich empfinde die Menschen, zumindest die meisten, nicht als arm. Das Wort

Armut umfasst für mich viel mehr als den Umstand, wenig Geld zu haben. Menschen ohne Lebensfreude empfinde ich zum Beispiel als arm. Und hier? Hinter den manchmal bröckelnden Fassaden der Altstadthäuser, dem, was sich mir an Eindrücken und Bildern darbietet – und das ist jede Menge –, spüre ich pulsierendes Leben. Der Alltag ist eine stete Übung in einer Form von Kreativität, die es erlaubt, mit wenig viel zu erreichen.

Gut, das ahne ich mehr, als ich es weiß. Doch in einem bin ich mir inzwischen sicher: Kuba ist ein Land voller gut ausgebildeter junger Menschen, die nach Fortschritt drängen, nach Teilhabe am globalen Dorf, Menschen, die noch nicht konsumsatt und neidzerfressen auf das Mehr des Nachbarn starren, sondern die auf die Verwirklichung von Träumen hoffen, natürlich auch auf den Traum von einer besseren, einer gerechteren Welt. Warum auch nicht. Das ist legitim. Der Medizinsektor ist ausgezeichnet, junge kubanische Ärzte helfen in ganz Süd- und Mittelamerika. Kuba war das erste Land, das Ärzte in die Ebola-Gebiete sandte. Das Medizinstudium ist wie alle Studiengänge kostenlos, die medizinische Beratung ebenfalls.

Das kostenlose Studium hat allerdings einen Haken, da kommt wieder die sozialistische Planwirtschaft ins Spiel. Nicht nur der Notenschnitt entscheidet, wer Zugang zu welchem Studienfach hat, sondern auch die Regierung – und zwar danach, welche Berufsgruppen sie glaubt, gerade für die Entwicklung des Landes zu benötigen.

Zurück zum Zwischenreich zwischen Schein und Sein, also der Kreativität. Zur Biennale strömen Künstler und Besucher aus der ganzen Welt nach Havanna, aus Kanada, den Vereinigten Staaten, den Philippinen, Ungarn, aus Belgien, Frankreich, Iran, Israel, Japan, Brasilien und anderen lateinamerikanischen Ländern, aus China und Deutschland. Im

Museo Orgánico Romerillo stellt mit Uli Westphal nämlich auch ein Deutscher aus.

Bis zum 22. Juni bietet sich den Besuchern ein facettenreiches Mosaik der Autoren-, Musiker- und Malerszene, eine beeindruckende Vielfalt der Stile, der Ideen, der Kreativität. Da sind zum Beispiel die Skulpturen entlang des Malecón. Sie machen die Uferpromenade zu einem Ort der Schönheit, des Humors, der Nachdenklichkeit.

Entgegen früheren Veranstaltungen wollen die Biennalemacher dieses Mal weg vom Mega-Ausstellungskonzept hin zu mehr Begegnung mit dem, was in ihren Augen die größte Ressource ist. Sie wollen den Besuchern die Möglichkeit geben, ein Gefühl für diese Stadt und ihre Menschen zu entwickeln. Ganz Havanna, Straßen, Plätze, Hauswände, alles wird zu einem Teil der Biennale, zu einem Ort der Begegnung. Und das kann dann auch mal ein halb zerfallenes Haus sein. Es gibt Opern, Lesungen, Präsentationen an allen möglichen und unmöglichen Orten, in kulturellen Zentren, in Hotels, auf den Straßen, auf Kreuzungen, auf Plätzen.

Es geht darüber hinaus um Architektur, Design, Phänomene der Kommunikation, um Wissenschaft und Stadtentwicklung. Letzteres ist, schon historisch gesehen, ein wichtiges Thema in den Ländern des Südens.

Ich gehe oft zu den Skulpturen am Malecón. Mein Weg führt mich durch die teils verdreckten Straßen von Vedado oder Habana Vieja. Und manchmal finde ich, selbst der Schmutz hat hier etwas Kreatives. Aus dem Kontext genommen könnten manche Orte ein Kunstwerk für sich sein. Diese Straßen sind, besonders um die Müllcontainer herum, dekoriert mit allem, was beim Leben so anfällt.

Und dann, am Meer, am Malecón, dem sauber gefegten Gehweg entlang der sauber gefegten Prachtstraße, geht es bei den Themen der Skulpturen auf andere Weise um Umwelt, immer wieder. Da sind Skulpturen, die zum bewussten Umgang mahnen, wie die überdimensionierten Korallen eines Künstlers aus Puerto Rico. Aber auch Werke voller Humor und Selbstironie, wie der Umriss eines hochgereckten Facebook-Like-Daumens, durch den das Meer verlockend glitzert. Da fährt dann auch schon mal, flachgelegt auf einem alten, stinkenden Pickup amerikanischer Bauart, die Freiheitsstatue vorbei, zusammengenagelt aus Müll und alten Brettern. Und wenn sie steht, wird sie vom Ufer aus den Klassenfeind, den Embargoverhänger jenseits des Meeres grüßen, von David zu Goliath. Das ist eine Form von Ironie, die ich mag. Und schon hat mich Kuba wieder eingefangen. *Sí, quiero.*

Ich mag auch die Telefonzellen. Ja, es gibt sie hier noch. Sie sind blau, immer zu zweit, und sehen aus – *perdón*, ich will nicht sexistisch erscheinen, schreibe es deshalb lieber auf Spanisch – wie zwei umgedrehte *huevas*. Besonders nach dem ersten Mojito.

Es gibt am Malecón auch eine Eisbahn zu entdecken, eigens für die Biennale gebaut, ebenso wie der „Traumstrand" mit den Liegen und Palmwedelsonnenschirmen nur wenige Meter weiter. Anfangs dachte ich wegen der weißen Plane, die auf dem etwa zwölf mal sechs Meter großen Eiskarree ausgebreitet war, das Ding wäre ein Fake. Doch als ich am Abend wiederkomme, ist die Plane weg, und Groß und Klein bewegen sich mehr oder weniger anmutig übers Eis, das von Schaulustigen umlagert ist. Letztere amüsieren sich königlich. Die auf dem Eis fallen, stehen auf, reiben sich den Hintern und nehmen das Gelächter nicht krumm, sondern lachen mit. Meistens.

Dann endlich: Umzug!

Juan Carlos gabelt mich auf, pünktlich, wie versprochen um 10.15 Uhr. Das freut mein deutsches Herz. Ist schon was

dran an der typisch deutschen Sehnsucht nach Pünktlich-
keit. Zumindest bei mir.

Juan Carlos und seine Frau Ernestina sind zudem wild
entschlossen, mich für die vergangenen weitgehend schlaflosen Wochen zu entschädigen, vermutlich glauben sie, ich
sei bisher sehr einsam gewesen. Sie reden beide gleichzeitig auf mich ein. Juan Carlos auf Englisch, Ernestina auf
Spanisch, wobei sie dann auch wieder auf Juan Carlos ein-
redet, damit er mir übersetzt, was sie gesagt hat, während er
sich mit mir unterhielt. Außerdem hat Ernestina ein tolles
Essen zur Begrüßung zubereitet. Ich hätte so gerne mehr
gegessen. Aber ich bin sogar fürs Essen zu müde, falle ins
Bett und schlafe zwölf Stunden.

Zwei Tage später gibt es ein Gewitter, der Regen prasselt auf die Straßen, bindet den Staub. Ich ringe Ernestina
die Erlaubnis ab, dass ich alle Türen und Fenster aufreißen
darf. Sie mag keinen Straßenstaub im Haus. In der Nachbarschaft läuft wieder die Wasserpumpe. Den Unterricht an
der Grundschule in der Nähe scheint das nicht zu stören.
Kinderstimmen, eine Lehrerin, die etwas erklärt. Sie hat
eine schöne, warme Stimme. Das alles ist jedoch lindes
Gesäusel im Vergleich zu den röhrenden Oldtimern vor
meinem früheren Apartment. Außerdem mag ich Kinderstimmen.

Als das Gewitter vorbei ist, klingelt der Traumfänger
mit den blauen Glasvögeln leise im Windzug, der über die
überdachte und mit grün gestrichenem Wellblech verkleide-
te Veranda streicht. Die Rollos mit den Fischen blähen sich,
ich höre ein Auto. Danach lange keines mehr.

Wo wir schon dabei sind: Juan Carlos fährt einen alten
blauen Toyota, angeblich aus dem Jahr 1999. Ich finde, er
sieht älter aus. Nur die beiden vorderen Fensterheber funktionieren, die hinteren sind gleich gar nicht vorhanden. Die

Beifahrertüre geht nur von außen auf. Aber die Musikanlage tut, was sie soll. Und der Toyota fährt. Wer ein fahrendes Auto hat, ist privilegiert. Das gilt also ab sofort auch für mich.

Mindestens ebenso wichtig für jeden Kubaner ist das Essen. Ich bin inzwischen eine begeisterte Konsumentin von Mangos geworden. Zum Glück haben sie gerade Saison. Eine Mango kostet je nach Größe zwischen zehn und zwölf kubanische Pesos, also rund fünfzig Eurocents. Ich rieche fachmännisch, diskutiere mit den Verkäufern, ob sie auch reif, süß und saftig ist, das alles mit einer schrecklichen Grammatik. Doch das stört niemanden.

Am zweiten Abend koche ich zum ersten Mal in meiner neuen Küche. Butter habe ich zwar nicht, auch keinen Parmesankäse, doch mein Trostessen in allen Lebenslagen funktioniert trotzdem: Spaghetti mit einer fertigen Tomatensoße, angereichert mit frischen Tomaten, Paprika und Zwiebeln. *Queso*, Käse gibt es hier zwar, aber jetzt gerade nicht. Joghurt natural wäre auch mal schön, ohne Zucker oder Fruchtaromen. Es scheint hier überhaupt mit den Milchprodukten schwierig zu sein.

Ein kubanisches Pfund Tomaten kostet momentan acht CUP, je nach Jahreszeit und Vorrat auch schon mal fünfzehn. Die Preise können stark schwanken. Derzeit: eine Paprika pro Stück, je nach Marktstand, einen oder zwei Pesos. Butter habe ich noch nicht, die ist hier übrigens gesalzen. Und auch ziemlich teuer. Zum Kochen tut's auch Sojaöl.

Eine Kanalisation in unserem Sinne scheint es in Havanna nur sehr rudimentär zu existieren. Und die Trinkwasserleitungen sind marode. Auch an trockenen Tagen bilden sich Pfützen und Rinnsale, wunderbare Brutstätten für Mücken. Immer wieder fließt aus zerborstenen Rohren Wasser auf die Straße, was aber niemanden aufzuregen scheint. Während meiner Vorbereitungen auf die Reise habe ich auf „lati-na-press.com" einen Bericht aus dem Jahr 2011 gefunden, in dem von Dürre und Wasserknappheit die Rede war. Es gab sogar Rationierungen in Havanna. Das lag nicht nur am damals ausbleibenden Regen, sondern auch an den uralten Rohrleitungen aus der Kolonialzeit. Diese sind auch der Grund dafür, dass hunderttausende Kubaner ihr Wasser durch Tankwagen bekommen, was teuer ist. Über den Daumen gepeilt verbraucht Kuba wegen des veralteten Leitungsnetzes zweimal mehr Wasser als eigentlich nötig. Anders ausgedrückt: Mehr als die Hälfte fließt nutzlos weg.

Auf Kuba gibt es nur zwei Jahreszeiten, hat mir Juan Carlos erklärt. Die niederschlagsreichste Zeit herrscht zwischen Mai und Oktober/November, während die „Wintermonate" bis April als eher trocken gelten. Es sollte also eigentlich genug Wasser geben bei so heftigen Regenfällen. Tut es aber nicht. Als Folge der globalen Klimaerwärmung, das sagt jedenfalls die Wissenschaft, ist Kuba in jüngster Zeit immer häufiger von Dürreperioden betroffen. In diesem Jahr steht es trotz der Maiüberschwemmung mit der bisherigen Ausbeute an Regen nicht viel besser als vor vier Jahren. Zumindest in den östlichen Provinzen sind die Stauseen trotz Regenzeit bald leer, meldet das kubanische meteorologische Institut (INSMET) auf seiner Internetseite. Nach Angaben von INSMET sind derzeit etwa sechzig Prozent des Landes von der Wasserknappheit betroffen. In Holguín gingen die Regenfälle um knapp die Hälfte gegenüber dem Durchschnitt zurück, dort werden aktuell über 32 000 Personen und etliche landwirtschaftliche Betriebe von den Folgen der Trockenheit geplagt, vor allem in den Provinzen Santiago de Cuba, Holguín und Guantánamo. Allein in Santiago de Cuba fehlen über 450 Millionen Kubikmeter Wasser.

Um dem Phänomen der Trockenheit langfristig zu begegnen, plant Kubas Regierung laut einem Bericht von „www.cubaheute.de" „die umfassende Instandhaltung der Staubecken". Daraus schließe ich, dass das auf der Insel nicht selbstverständlich gewesen ist. Und natürlich die Sanierung des Trinkwasserleitungsnetzes. In mehreren kubanischen Städten soll es komplett erneuert werden, darunter auch Santiago de Cuba. Allein für Havanna erfordern die auf vierzehn Jahre angelegten Arbeiten Investitionen von insgesamt 750 Millionen US-Dollar. Hierfür erhielt Kuba zuletzt Ende März vom kuwaitischen Entwicklungsfond einen Kredit von 21 Millionen US-Dollar.

Ich merke in meiner *casa* von der Dürre nichts, hier gibt es einen von Juan Carlos eigenhändig eingebauten 1000-Liter-Reservewassertank. Aus dem Hahn kommt immer etwas, auch die Dusche funktioniert.

So langsam lerne ich Juan Carlos und Ernestina besser kennen. Was mir besonders auffällt: Ernestina hat einen Schlüsselzwang. Als ich an einem Vormittag aus meinem „Büro" im Habanna Libre zurückkomme, ist bei mir oben trotz durchaus funktionierender und auch abgeschlossener Türen zur Straße und zur Terrasse hin alles dicht, verriegelt, verrammelt.

Also mache ich das Beste draus und unternehme einen weiteren Ausflug in Sachen Kultur. Die Regenzeit lässt zum Glück für mich weiter auf sich warten. Die Wolken vom Morgen haben sich wundersamerweise wieder verzogen, weggeblasen vom Wind, der vom Meer herkommt. Mein Weg führt mich zum Kubanischen Pavillon an der Rampa. Und ich bin sofort gefangengenommen. Hinter den grauen Betonmauern und der langen Freitreppe verbirgt sich ein ganzes Areal. Das Motto der Ausstellung: Zwischen Innen und Außen.

Ich bin mal wieder hingerissen. So viele Ideen, so viel augenzwinkernde Kreativität. Da kommst du diese Treppe hoch und wirst auf einer großen Leinwand von einem Film empfangen, der scheinbar ernst Schritt für Schritt erklärt, wie man eine uralte Canon-Pocketkamera, so eine aus den analogen Zeiten, repariert und in eine digitale verwandelt. Was natürlich nicht geht.

Da ist sie wieder, die Selbstironie der Kubaner, die sich vornehmen, etwas zu reparieren, auch wenn es nach menschlicher Logik nicht funktionieren kann.

Und dann ist da die Künstlerin, die Postkarten mit Bildern aus Samen endemischer Pflanzen anfertigt und sie verschickt. Damit Kubas Artenvielfalt nicht verloren geht, damit die Menschen die Postkarten samt Samen eines Tages nach Kuba zurückbringen können, wenn die Pflanzen ausgestorben sein sollten.

Die (Lebens-)Kunst ist auf Kuba nicht nur auf Ausstellungen beschränkt. Ich weiß inzwischen, wie die kubanischen Frauen es anstellen, so gut gekleidet zu sein, obwohl Kleidung hier sehr teuer ist. Es gibt mehr oder weniger private VerkäuferInnen, einen grauen Markt: Männer, aber noch mehr Frauen, die gebrauchte Kleidung weiterverhökern, die Bekannte oder Freunde haben, die Textilien aus dem Ausland mitbringen.

Doch bevor ich fortfahre, sollte ich vielleicht noch etwas erklären. Bei (fast) allem hier hat der Staat die Hand im Spiel. Konsumgüter wie Kühlschränke, Waschmaschinen oder Klimaanlagen werden staatlicherseits auf den Markt gebracht. Kredite geben die Banken nur unter bestimmten Bedingungen. Zum Beispiel, wenn jemand ein Unternehmen gründen oder sein Haus renovieren will. Dazu fordert die Bank die Sicherheiten und einen Bürgen. Kredite sind zudem teuer, und es gibt höchstens 10 000 CUP, also rund 2000 Euro.

So hat es Ernestina zumindest erklärt. Und das bedeutet für diese Familie: lange sparen.

Zurück zur Kleidung. Keine „normale" Kubanerin kann es sich leisten, in den offiziellen Läden einzukaufen. Zwanzig oder dreißig CUC für ein Sommerkleid, in Deutschland ein ziemlich annehmbarer Preis, das ist für die Frauen auf der Insel einfach zu viel. Auf dem – grauen – Markt jedoch sind Ratenzahlungen möglich, dort, wo die Nachbarin die Kleider einer anderen Nachbarin verkauft. SchneiderInnen, die sich auf die Kunst des Enger- oder Weitermachens verstehen, haben hier viel zu tun.

Und dann: drei Tage hintereinander Regen. Wir liegen auf der Rückseite eines Wirbelsturms, der sich in Richtung Norden bewegt. Ich habe natürlich keinen Schirm eingepackt, nur eines dieser dünnen Regencapes, die sich ganz klein zusammenfalten lassen. Die Dusche ist lauwarm und eigentlich angenehm, auch wenn die Tropfen mit einer solchen Wucht auf die Haut knallen, dass sie brennt.

Der Juni ist der Monat der Zyklone, wie mir Ernestina mitteilt, während sie mal wieder gegen die Wasserströme anfeudelt, die durch den Sturm auf die Veranda peitschen. Aber in ihrem Haus, da sei es sicher, fügt sie hinzu, als sie meinen etwas verstörten Blick bemerkt. Sie weigert sich, meine Hilfe beim Feudeln anzunehmen, um gleich darauf und ziemlich unvermittelt darüber zu plaudern, dass ihre Mutter, um die siebzig, eine Schönheit sei, noch immer. In ihrer Jugend war sie offenbar Model und das Gesicht von Palmolive auf Kuba. Ernestina ist keine Schönheit, nicht auf diese Art. Dafür vom Herzen her. Wir lächeln uns zu.

Ich ziehe mich in die Küche zurück, setze mich an meinen Computer, höre die Tropfen aufs Blechdach der Veranda trommeln und frage mich, wie es im Winter sein wird. Jetzt ist ja Hochsommer. Donner wie ein Peitschenknall lässt mich immer wieder zusammenfahren. Ich bin kein Angsthase, ich mag Wetter. Aber ich hoffe, dass die Wirbelstürme Kuba in diesem Jahr verschonen. In Honduras haben sie bereits große Schäden angerichtet.

Eine halbe Stunde später ist der Spuk vorbei. Rudyard Kipling kennt fast jeder. Er hat das „Dschungelbuch" geschrieben und war ein lupenreiner Kolonialist, ein Kind seiner Zeit. Es gibt aber auch eine Art Schöpfungsgeschichte von ihm, oder besser: Schöpfungsgeschichten unter dem Titel „Das kommt davon". Darin erzählt er, wie der Elefant seinen Rüssel bekam oder das Kamel den Buckel. Ich habe diese Geschichten als Kind geliebt. Und jede dieser Geschichten beginnt mit dem Satz „Als die Welt noch ganz jung und ganz neu war...". So fühlt es sich für mich an, als der Regen vorüber ist. Als wäre die Welt ganz neu und wunderbar. Es hält mich nicht im Haus, und ich gehe zum Malecón. Die Luft ist klar, wie reingewaschen, die Umrisse der Altstadt Havannas mit dem Capitolio wirken wie aus dem Himmel geschnitten. Ganz links auf einer Art Landzunge stehen neuere Hochhäuser fast direkt am Meer, davor die Festung der drei schwarzen Könige, die Havanna zusammen mit der Festung namens Punta vor Eroberungszügen vom Meer aus schützen sollte. Habana Vieja wirkt ganz nah.

Anschließend befolge ich einen Tipp von Juan Carlos, mache mich auf den Weg zum nahen Hotel Nacional und bin hingerissen vom Paradiesgarten über dem Malecón. Vom Hotel her singt ein kubanischer Tenor *Bésame mucho*. Pfauen stolzieren über das Gras, stoßen ihre unmelodischen Rufe aus. Unter mir, entlang dem Malecón, rauscht der Verkehr vorbei. Die Oberfläche des Ozeans ist nur leicht gekräuselt. In der Ferne ziehen Tanker ihre Bahn.

Gebaut worden ist der Hotelpalast im Kolonialstil, eine Art spanisch inspiriertes Neuschwanstein und wie alle Hotels in staatlicher Hand. Das Nacional ist das älteste und zumindest in der Selbstdarstellung auch das beste Hotel Havannas. Mich hat das Essen nicht, der Garten dagegen sehr überzeugt. Die Zimmer sind meiner Ansicht nach auch nicht alle auf Fünf-Sterne-Niveau. Außer bei den Preisen. Ich wäre nach wenigen Nächten in diesem Hotel pleite. Der kubanische Kommunismus/Sozialismus scheint sehr pragmatisch zu sein: Wer Luxus liebt und ihn bezahlen kann, ist willkommen. Ab einem bestimmten Einkommen spielen politische Systeme offenbar keine Rolle mehr. Hier werden gerne die internationalen Delegationen untergebracht und die Staatspräsidenten. Im Garten höre ich Spanisch (oder besser Lateinamerikanisch, ich kann nicht unterscheiden, wer aus Venezuela kommt oder aus Mexiko), Österreichisch, Deutsch, Kubanisch.

Der Charme der kapitalistischen Dekadenz lässt mich jedenfalls nicht kalt, und ich glaube, die Kubaner ebenfalls nicht, auch wenn es nur sehr wenige Menschen gibt, die ihn sich leisten können. Meist sind das Exilkubaner. Außerdem ist auf Kuba selbst der Luxus mit der Revolution verbunden. In diesem Fall führt aus dem sorgsam angelegten Garten ein Weg zu einer Ausstellung über die „Missile Crisis", die Kubakrise im Oktober 1962. Unter dem Paradiesgarten schlummert neben einem Raum mit Fotos und Informationen, wie es dazu kam, auch ein Labyrinth aus Schützengräben und damit die Erinnerung an den Vorhof der Hölle, an den Beinah-Dritten-Weltkrieg.

In kubanischen Städten wie Trinidad (Sancti Spíritus), in der Provinz Santiago de Cuba, aber auch in Baracoa, wo die Spanier ihre erste Stadt gegründet haben, wurde der koloniale Charme inzwischen liebevoll bis ins Detail restauriert und renoviert. Die Altstädte sind wahre Schmuckstücke geworden. Das habe ich auf meiner ersten Reise erlebt. Der

Malecón und die breite Prachtstraße davor passieren in Havanna hingegen Kolonialbauten, von denen manche kurz davor sind, einzustürzen, das Programm zur Restauration ist jedoch in vollem Gange. Die Kubaner, die in diesen verfallenden Häusern leben, schaffen es irgendwie, sich mit den nicht ganz perfekten Wohnverhältnissen zu arrangieren. Eigentlich ist alles da: eine Küche im Durchgangszimmer, eine Toilette, ein Bad mit Dusche – und im Fall meines Tanzlehrers Orestes (ja, ich versuche es unverdrossen mit dem Salsa, bin aber nicht ganz sicher, ob der Salsa es auch mit mir versucht) ein winddurchflutetes Zimmer mit Meerblick. Bei Ernestina und Juan Carlos fühle ich mich wohl, zumal sich die Erfolgserlebnisse mehren. In einem „Supermarkt" an der Straße San Lazaro, gegenüber dem Platz der Märtyrer, den ich inzwischen ich weiß nicht wie oft passiert habe, gibt es einen guten spanischen Roséwein. Und derzeit auch Joghurt in Rieseneimern, Käse, sogar so eine Art Müsli, Spaghetti, Wurst. Ich muss wie in den anderen Märkten vor dem Betreten des Ladens meine Tasche nebenan abgeben. Das bleibt für mich gewöhnungsbedürftig, aber für die Menschen hier ist es offenbar völlig normal.

Havanna, speziell meinen „Kiez", mein *barrio* empfinde ich als sicher. Vielleicht auch deshalb: In den Straßen sehe ich überall Polizei. In vielen Geschäften, in allen Hotels gibt es Sicherheitspersonal. Die Straßen werden von Kameras überwacht. Das hat mir zumindest Angela erklärt. Deswegen werden Kriminelle offenbar schnell geschnappt. Und die Strafen, insbesondere, wenn es um Gewalt gegen Frauen und Kinder geht, sind laut Ernestina drastisch. Frauen und Kinder stünden unter dem besonderen Schutz des kubanischen Staates, Kinder sowieso. Vor allen Haustüren in der Gegend sind übrigens schmiedeeiserne Gitter angebracht, die Fenster sind auch vergittert. Ich registriere es und wundere mich ein wenig. Das Sicherheitsbedürfnis der Kubaner scheint hoch zu sein, und ich frage mich immer wieder, woher das kommt. Ich jedenfalls habe mich zwar öfter von jungen Herren belästigt, aber nie bedroht gefühlt. Andererseits höre ich jedoch, dass Passanten ihr Mobiltelefon aus der Hand gerissen worden ist. Deswegen verstaue ich meines immer in meiner Handtasche mit den zwei Reißverschlüssen. Es ist sogar schon vorgekommen, dass mich eine nette Kubanerin gewarnt hat, als ich mit dem Geldbeutel in der Hand in den Supermarkt marschiert bin, nur mit einem zusammengefalteten Einkaufsbeutel, weil ich keine Lust hatte, meine Tasche vor dem Eintreten abzugeben. „Tun Sie Ihr Geld lieber in die Tasche, es gibt hier auch böse Menschen."

Bisher habe ich keine getroffen. Trotzdem bekomme ich von Juan Carlos und Ernestina jedes Mal, wenn ich das Haus verlasse, reichlich Ermahnungen und Erklärungen mit auf den Weg – wo ich sicher bin, wo nicht, wie ich mich verhalten sollte, um sicher zu sein. Meistens reden sie noch immer gemeinsam auf mich ein. Das macht das Verständnis manchmal etwas schwierig. Aber sie meinen es gut. Und ich gedenke, mich an ihre Warnungen zu halten.

Nicht so sicher ist die Stadt indessen für ihre tierischen Bewohner, denn für die Hunde und Katzen gelten auf den Straßen die Gesetze des Dschungels. Im speziellen Fall geht es um das Drama einer Katze aus der Nachbarschaft, einer Katzenmama mit fünf Jungen. Grau getigert, zierlich, aber mit dem Herzen einer Tigerin. Deswegen hat Juan Carlos sie Shakira getauft. Beharrlich sucht sie seit Tagen einen Weg ins Haus. Sie findet ihn auch immer wieder, zum Beispiel durch die tönernen Abflussrohre der Veranda. Denn ein Stockwerk tiefer, da ist der Fressnapf für Bifang, die geliebte Hündin des Hausherrn. Die ist braunweiß gefleckt, klein und alt, lässt Juan Carlos keinen Moment aus den

Augen. Sie frisst nicht mehr so schnell und so viel. Die Katzenmama aus der Nachbarschaft hat das entdeckt. Sie muss Nahrung finden, um ihre Jungen säugen zu können. Also sucht sie unbeirrt den Weg zu Bifangs Napf. Und ebenso beharrlich versucht Ernestina, das zu verhindern. Denn das, sagt sie nicht ganz zu Unrecht, sei die Katze des Nachbarn. Bloß der kümmert sich nicht.

Juan Carlos versucht eine Woche lang, alle Schlupflöcher zu verschließen, aber die zierliche Kämpferin schlägt sämtlichen Versuchen, sie auszusperren, ein Schnippchen. Dann scheinen alle Wege versperrt zu sein, denn Shakira kommt nicht mehr. Ich höre sie eines Nachts verzweifelt miauen, die Kleinen antworten. Juan Carlos sagt, er gibt ihr heimlich etwas zu fressen. Er mag diese sture kleine Katzenmama. „Wenn sie es jetzt wieder schafft, ins Haus zu kommen", sagt er, als Ernestina außer Hörweite ist, „dann bekommt sie von mir ein gebackenes Hühnchen."

Doch als ich am Tag nach unserem Gespräch gegen Mittag ins Haus zurückkehre, liegt sie tot und bereits aufgebläht auf der anderen Straßenseite. Wir sind traurig, alle miteinander. Und allen, auch Ernestina, ist, als wäre eine Freundin für immer gegangen, ein Beispiel der Mutterliebe, eine Kämpfernatur, so pathetisch das auch klingen mag. Denn Shakira musste leiden, ehe sie starb. Vermutlich ist sie vergiftet worden, jemand hat ihr sogar den Schwanz abgeschnitten. Das weiß Juan Carlos aus den Beobachtungen einer Nachbarin, die gesehen hat, wie die zierliche Kämpferin vor lauter Schmerz in hohen Sprüngen die Straße überquerte. Auf der anderen Seite ist sie dann zusammengebrochen. Und gestorben.

Aber das Leben geht weiter. Und zwar mit einem Familienausflug im Toyota von Juan Carlos, einem *paseo* nach Habana Vieja. Ich sitze hinten und genieße die Aussicht, während der Wind durch die offenen Fenster fährt und meine Haare zerzaust. Der angepeilte Parkplatz liegt in Sichtweite der Festung der drei schwarzen Könige und des Hafens, gegenüber der großen Jesusstatue am anderen Ufer. Das Meer unter dem Sommerhimmel ist lichtdurchflutet und blau, eine leichte Brise kräuselt das Wasser. Wir schlendern am Castillo de la Real Fuerza vorbei. Die Festung der königlichen spanischen Streitkräfte wurde 1558 von einem Heer aus Sklaven, Dieben, Kleinkriminellen, Kriegsgefangenen und Indios auf den Ruinen eines einfachen Forts gebaut, das der französische Korsar Jacques de Sores geplündert und gebrandschatzt hatte. Wir machen Fotos, bei einem sitze ich wie ein Flintenweib auf einer Kanone, die von vorne geladen wird. Wir kommen zur Plaza de Armas, Ständer mit Büchern, CDs und Plakaten zur Revolution („Obama, give me Five") empfangen mich, und jene Frauen in den traditionellen Kleidern, die für Fotos Geld haben wollen. Wir passieren auch den Glücksbaum, den ich bereits bei meinem ersten Aufenthalt umrundet habe, damit er genau das tut, nämlich mir Glück zu bringen. Der Baum ist kahl und tot. Ich habe ihm wohl kein Glück gebracht. Immerhin, ich habe es geschafft, zurückzukommen. Juan Carlos zeigt mir ein Restaurant, in dem er früher gearbeitet hat. Wir trinken tuKola in einem der Zeltcafés am Ufer, und der Himmel schickt eine Sommerbrise erst über die Bucht und dann zu uns unters Zeltdach. Auf dem Heimweg passieren wir im Auto zahlreiche Museen, das der Revolution und eines, in dem unter und hinter Glas nur eine Yacht steht: die „Granma", mit der die Revolutionäre um den jungen Anwalt Fidel Castro auf Kuba landeten.

So langsam komme ich an in dieser Welt.

Doch wie immer in dieser Zeit auf Kuba können sich die Dinge schnell ändern. Der übernächste Morgen beginnt nicht gut. Ich bin unausgeschlafen. Um 23 Uhr hat sich die Wasserpumpe im Nebenhaus eingeschaltet. Zudem bin ich zerstochen, ich habe vergessen, mich einzureiben. Vermutlich waren es die Ameisen, die im Paradiesgarten des Hotel Nacional von den Bäumen fallen und die es ebenso wenig wie die anderen Stechtiere auf dieser Insel interessiert, dass sie Ernestinas Meinung nach eigentlich gar nicht da sind. Außer mir habe niemand Stiche, erklärt sie immer wieder entschieden.

Ich warte also einigermaßen knurrig auf Ernestina, die im unteren Stockwerk mit dem Putzen noch nicht fertig ist. Wir wollen zusammen einkaufen gehen. Es ist ein heißer Tag, Juan Carlos hat zugesagt, uns mit seinem Toyota zum Markt zu fahren. Als Ernestina dann Stunden später die Stufen zu meinem Apartment erklimmt, erzählt sie, dass ihr Sohn Raoúl Probleme mit seiner langjährigen Freundin hat. Wenn ich sie richtig verstehe, dann gefällt es der *novia* nicht, dass Ernestinas Sohn sich so oft bei den Eltern im Haus aufhält und dabei auch Juan Carlos bei seinen diversen Renovierungsarbeiten hilft. Ernestina war alleinstehend, als er auf die Welt kam. Juan Carlos hat Kinder aus der ersten seiner vier Ehen. Sie leben in Florida. Er ist inzwischen sogar mehrfacher Urgroßvater.

Juan Carlos erzählt immer mal wieder aus seinem bunten Leben. Von Zeiten in Russland, 1966 in Vietnam. Er berichtet von seinem Schreiben, seinen Tagebüchern, in welchen Ländern er welches Essen gegessen hat. Er war während der Revolution bei den Milizen, dann beim kubanischen Militär und ist – wie er mir gestanden hat – 78 Jahre alt. Ich habe ihm die 61 glatt abgenommen, die er anfänglich angegeben hatte. Er geht nicht wie ein alter Mann. Ernestina, mehr als 25 Jahre jünger (sie sagt, sie sei 51), ist immer noch eifersüchtig und behält ihn gut im Auge.

Der Tag endet versöhnlich. Auch mit Ernestinas Segen wird nun beschlossen, dass wir Shakiras Kinder nicht im Stich lassen. Juan Carlos will sie jeden Abend füttern, wenn er nach Jelly ruft, einer falben Katze, die der Nachbarin gehört. Letztere ist derzeit in Amerika, um sich um ihre kranke Mutter zu kümmern. Wir schauen den kleinen Wesen, gerade einmal einen Monat alt, zu, wie sie fressen, und sind etwas getröstet.

Eine Woche später ist klar: Die kleinen Kätzchen fressen gut. Vielleicht gelingt es, sie alle durchzubringen. Sie sind scheu, lassen sich nicht anfassen. Kein Wunder bei den Erfahrungen mit den Menschen.

Apropos Essen: Kubaner haben dazu eine ziemlich sinnliche Beziehung. Was man daran sieht, dass sie die Eigenschaften von Früchten auch auf Menschen übertragen. „Mango" ist auf Kuba der Ausdruck für gutaussehende junge Männer. Jetzt, im Sommer, haben die „Mangos" Hochsaison. Die Männer und die Früchte. Für Frauen, genauer gesagt, ihre weiblichen Körperteile, verwenden die Bewohner von Havanna den Begriff „Bomba", abgeleitet von der Fruta Bomba. Diese Frucht wiederum heißt im restlichen Kuba Papaya. In Zuckerwasser mit Limonenschalen aufgekocht, ergibt sie eine wunderbare Nachspeise, wird gerne aber auch zu Fleisch gegessen.

Und Salsa, die Soße, ist auch das Wort für einen Tanz, die für mich trotz einiger Tanzstunden noch immer ziemlich verwirrende Mixtur afrokaribischer und europäischer Tanzstile. Ich glaube, hier auf Kuba sind jeder und jede Experten beim Thema Salsa. In meiner *casa* zeigt mir Ernestina ihre Art des Salsa-Tanzens. Sie will, dass ich mitmache. Das bringt eine Anfängerin wie mich durcheinander. Juan Carlos behauptet netterweise, meine Weise zu tanzen sei auch nicht schlecht.

Es ist unglaublich, wie viele Möglichkeiten es gibt, sich im Salsarhythmus zu winden. Ich habe anfangs nicht nur Verwicklungen im Gehirn, sondern auch Knoten in den Beinen. Aber mein Tanzlehrer Orestes ist ein geduldiger Mensch und behauptet nach jeder weiteren Enttäuschung standfest, ich sei talentiert, gewissermaßen zur Salsalehrerin berufen. Vielleicht noch nicht gleich. So in ein paar Wochen. Oder Monaten. Aha.

Doch kommen wir zurück zum Essen. Unsere Redewendung „das interessiert mich nicht die Bohne" käme hier nicht gut an. Denn Bohnen gehören zu den Leib- und Magenspeisen der Kubaner. Es gibt sie als grüne Stangenbohnen oder getrocknet, dann weiß, farbig und schwarz: *frijoles colorados* sind rotschwarz. Die roten bekomme ich als eine Art Eintopfgericht/*guiso* wie das auch bei uns bekannte Chili serviert, möglich mit oder ohne Fleisch, aber ohne Chili, dafür mit Kürbis, Kartoffeln, Malangas, allem, was der Kühlschrank hergibt. Oder eben dem typischen schwarzen Reis Kubas, der mit *frijoles negros* gekocht wird.

Es bleibt heiß. Ich triefe noch immer ständig vor mich hin. Aber darauf können die kubanischen Frauen an diesem 21. Juni keine Rücksicht nehmen. Es ist Vatertag (wie an jedem zweiten Sonntag im Juni). Im kubanischen Fernsehen weisen sie schon seit Wochen darauf hin, wie wichtig die Väter sind. Sie sind die Seele der Familie, die Liebe der Töchter fürs Leben. Muttertag ist wie bei uns im Mai.

Der Vatertag verläuft völlig anders als bei uns, nichts mit Männerausflügen und Besäufnissen. Zumindest, soweit ich Zeugin war. Eigentlich müsste ich jeden Mann umarmen, dem ich an diesem Tag begegne, ihn küssen und ihm gratulieren. Das gehört sich so, behauptet Juan Carlos. Ich sehe trotzdem davon ab. Derweil hängt Ernestina bereits in aller Herrgottsfrühe wechselweise am Telefon, um mit Freundinnen Kochrezepte zu besprechen, oder sie wischt die Böden, damit auch alles blitzt und blinkt. Heute Abend wird es ein extra Vatertagsessen geben. Reis mit *frijoles*, Hühnerschenkel, Tomaten, Avocados, Gurken, und, ganz wichtig, Frittiertes, nämlich Pommes aus *bonitas* (Süßkartoffeln) und frittierte Kochbananen.

Ich bin eingeladen und habe schon mal Wein besorgt. Juan Carlos trinkt gerne hin und wieder ein Gläschen. Ernestina schaut jedes Mal empfindlich berührt. Sie trinkt keinen Alkohol. Manchmal kommt er trotzdem hoch zu mir, und ich schenke ihm „zwei Finger" ein. Dann diskutieren wir über Gott und die Welt.

Halb Havanna ist momentan verschnupft, angeblich grassiert auf Kuba gerade das Dengefieber. Das wird von Moskitos übertragen, die Befallenen zeigen die Symptome einer veritablen Grippe. Juan Carlos hustet und schnieft ebenfalls. Er hat kein Dengefieber, aber eine heftige Bronchitis und rennt nun schon zum dritten Mal innerhalb einer Woche zum Arzt. Nicht, weil es schlimmer geworden wäre, im Gegenteil, er fühlt sich schon etwas besser. Er will das aber vom Arzt bestätigt haben. Dafür wartet er dann manchmal stundenlang. Derweil sind Gespräche mit den anderen Wartenden angesagt. Ich vermute, für ihn hat der Arztbesuch eine nicht unerhebliche soziale Komponente.

Ich schniefe ohne ärztliche Untersuchung vor mich hin, denke mir, ist ja bloß ein Schnupfen (weil ich da vom Dengefieber noch nichts weiß), und frage mich, ob die Haltung von Juan Carlos etwas damit zu tun haben könnte, dass die medizinische Versorgung kostenlos ist. Falls ja, wundert es mich kein bisschen, dass alle Kubaner von ihrem Gesundheitssystem restlos begeistert sind und die Kosten explodieren. Jetzt hängen in den Wartezimmern Listen aus, damit alle lesen können, was ihre Behandlung kostet.

Über dem Golf von Mexiko braut sich ein weiterer Zyklon zusammen. Er wird gen Mexiko ziehen, doch auf seiner Rückseite erwarten Kuba und uns wieder Sturm und Sturzbäche von Wasser, das vom Wind wie ein Vorhang aus Gischt übers Meer geblasen wird und sich seinen Weg durch jede Ritze bahnt. Die Luftfeuchtigkeit erreicht bald 100 Prozent, selbst die kleinste Bewegung verursacht einen Schweißausbruch. Ich habe Glück, bisher schlafe ich wohlüberdacht und trocken. Beim letzten Mal sind in den Apartmenthäusern gegenüber sogar die großen Balkone vollgelaufen, die Abflüsse waren zu klein, um die Wassermassen zu fassen. Morgen oder übermorgen soll es erneut losgehen.

Also erst mal nichts mit Strand. Vielleicht nächste Woche. Ich bleibe daheim und schreibe. Denn an Tagen wie diesem, einem, an dem selbst der Wind zu träge ist, um zu atmen, um Kraft für den angekündigten Sturm zu sammeln, einem Tag mit Inversionswetterlage, wenn der schwarze, rußige Qualm aus Kraftwerken, dem Feuerturm einer Ölraffinerie am alten Hafen und den Auspuffen tausender alter Autos schwer über der Stadt hängt, wenn die Luft schwül und zum Schneiden dick ist, wenn die Hundehaufen in den Straßen stinken, das Ungeziefer in den offenen Mülltonnen schmatzt, dann ist Havanna nicht romantisch. Dann sind die alten Häuser mit den Falten und den klaffenden Wunden nicht malerisch. Dann wünsche ich mich in ein verschneites Bergdorf, selbst in eine deutsche Stadt mit grüner Plakette fürs Zentrum und bemitleide die Straßenhändler, die immer raus müssen: den *panadeiro*, der gegen 17 Uhr das Brot (zehn Brötchen für zehn CUP) vorbeibringt und manchmal auch Butter, den, der *tamales* verkauft, eine Art Polenta in Wurstform, oder den Messer- und Scherenschleifer, der sich durch seine Panflöte bemerkbar macht, als wäre er der Rattenfänger von Hameln.

Autos fahren trotzdem. Lassen Sie uns also mal wieder über Autos, Straßen und Verkehrsinfrastruktur reden. Fangen wir mit den Straßen an. Der Malecón und die großen Durchgangsstraßen sind vergleichsweise gut ausgebaut. Dafür sehen die Seitenstraßen aus wie ein Schweizer Käse, teilweise mit Löchern, die jede Autoachse zum Brechen bringen und ganz sicher eine Herausforderung für jede Federung sind. In den Außenbezirken ist es noch schlimmer, da ähneln sie manchmal Kraterlandschaften mit integrierten Seen. Zuständig für den Erhalt der Straßen ist der Staat, sagt Juan Carlos. Als er das sagt, fahren wir in seinem blauen Toyota gerade am alten Bahnhof von Havanna vorbei. Der wird zurzeit renoviert, ebenso die Züge, die oft noch aus der Kolonialzeit stammen. Einige fahren sogar, zum Beispiel von Matanzas nach Baracoa. Oder von Havanna ins Urlaubsparadies Varadero. Ich überlege kurz, ob ich aus Gründen des gründlichen Selbstversuchs mal Zug fahren soll, verschiebe die Entscheidung aber. Meine Freundin Angela hat gesagt, dass ich die kubanischen Züge nicht unbedingt erleben will.

Am Abend ist Party im Nebenhaus. Ich wundere mich, dass Ernestina noch nicht eingeschritten ist. Musik, die die ganze Straße bis hinunter zum Malecón beschallt, weckt mich aus meiner Lethargie. Erst dachte ich: Mist. Dann dachte ich: Feiere die Feste, wie sie fallen. Also: Tanzsolo auf der Dachterrasse. Warum nicht? Hier kennen mich alle nur unter dem Namen La Alemana, und die Herren der Schöpfung lassen mich inzwischen in Ruhe. Es hat sich herumgesprochen, dass ich auf hastig im Vorübergehen zugeraunte Liebeserklärungen und Komplimente sowie Fragen, wo ich herkomme, mit unversehens auftretender Taubheit und dem Ausdruck völligen Unverständnisses reagiere. Ich bin einfach unsicher, wie ich mich sonst verhalten soll.

Im Hotel Habana Libre wird neuerdings Schach gespielt, an den Tischen im Eingangsbereich, im zweiten Stock, der Empore mit dem Business-Bereich, am angrenzenden Pool. Nur noch nicht im Pool. Überall sehe ich bei meinen „Bürobesuchen" konzentriert blickende Menschen samt Uhr. Fotos von Schachfiguren mit oder ohne die Kappe der Revolution (die Baskenmütze mit dem Stern, die El Comandante immer trug), gemalt von Kindern, so um die zehn Jahre, hängen an den Wänden. Ich bin beeindruckt. Noch mehr, als ich unweit meiner *casa* schachspielende Jugendliche unter Arkaden entdecke, denen von einem Lehrer die Finessen des Spieles beigebracht werden. Ich trete näher, schaue zu und erfahre: Das ist ein Schachclub.

Tags drauf haben wir keinen Strom. Juan Carlos behauptet, das machen *sie* absichtlich, täuschen Reparaturen vor oder reparieren tatsächlich, drehen aber viel zu weiträumig den Strom ab, um Öl zu sparen. Der Karneval naht. Und da, sagt Juan Carlos, werde viel Strom gebraucht. Ernestina sagt, er spinnt. Beide sind sich jedoch darin einig, dass wir frühestens am Abend gegen 20 Uhr wieder Strom haben werden.

Außerdem habe ich von meinem Kampf gegen *la cucaracha* zu berichten. Ich glaube, sie entspricht in unseren Breiten der gemeinen Küchenschabe. Ich habe noch nie eine gesehen. Die Viecher hier sind ziemlich groß. „Meine" hat sich mein Bad ausgesucht. Da ich anfangs nicht wusste, um welch ein Tier es sich handelt, habe ich mich nur noch in Schuhen aufs Klo getraut. Es ist mir nämlich einfach nicht gelungen, die Schabe zu fangen. Eine halbe Nacht lang habe ich alles abgesucht, aber sie war verschwunden. Gegen vier Uhr morgens habe ich beschlossen, dass das Tier, was für ein Insekt es auch immer sein mag, wahrscheinlich mehr Angst hat als ich, und bin wieder ins Bett gegangen.

Doch in der folgenden Nacht geht es *la cucaracha* an den Kragen. Als sie auftaucht, stülpe ich blitzartig eine bereitstehende, ziemlich große Tasse über sie. Juan Carlos, zuständig für solche Arbeiten, hat das arme Tier dann ins Jenseits gefördert. Ja, ich habe ein schlechtes Gewissen, denn eigentlich scheinen das ganz nützliche Tiere zu sein, sie fressen anderes, kleineres Ungeziefer. Aber schön sind *cucarachas* trotzdem nicht.

Nicht getötet haben wir den großen braunen Nachtschmetterling, der sich in meine Küche verirrt hat. Juan Carlos hat ihn mit der Hand eingefangen und freigelassen. Jetzt habe ich 48 Stunden lang Glück. Dieser Schmetterling ist nämlich angeblich ein Glücksbringer. Da ich aber sowieso viel Glück habe, wie ich finde, hat sich das nicht so richtig bemerkbar gemacht.

Juli

FÜR JUAN CARLOS HAT DIE NACHRICHT vom 1. Juli denselben Stellenwert wie einst für mich der Fall der Berliner Mauer. Natürlich, es lag etwas in der Luft, spätestens seit 2013/2014, glaubt er, gab es Gespräche hinter den Kulissen. Dennoch: Falls ihm jemand diese Entwicklung vorhergesagt hätte, er hätte diesen Jemand noch vor wenigen Wochen für verrückt erklärt: Die Vereinigen Staaten von Amerika und Kuba werden wieder die diplomatischen Beziehungen aufnehmen, die 1961 ausgesetzt worden sind. Die seit 1977 existierenden Interessenvertretungen in Havanna und Washington haben danach den Status vollwertiger Botschaften. Damit wäre die erste Etappe der Annäherung zwischen beiden Staaten abgeschlossen. Allerdings gibt es da immer noch das Embargo gegen Kuba.

Ich spüre denselben Ruck, sehe dasselbe Staunen wie bei mir damals im November 1989, dasselbe Leuchten in den Augen der Menschen, Hoffnung, die aufflackert, dass nun doch alles schneller besser wird als gedacht. Juan Carlos klebt genauso wie ich damals am Fernsehgerät, will nichts verpassen von diesem „Oxygen-Schub", wie Obama das laut der spanischen Übersetzung ausgedrückt hat – ein Schub nicht nur für Kuba. Obama hat dazu sogar eine Rede an die Nation gehalten. Die Rede des amerikanischen Präsidenten wird vollständig auch im kubanischen Fernsehen ausgestrahlt. Mehrfach.

Und ich kann mich des Eindrucks nicht erwehren, als würden hier zwei Männer, die bald Abschied von der Macht nehmen, auf den letzten Metern ihrer Regierungszeit versuchen, doch noch das zu tun, was sie für das Richtige halten. Wer nicht mehr Gefahr läuft, seine Macht zu verlieren, kann manches riskieren. Und Obama hat viel Nachholbedarf.

Für den großen Tag der Wiedereröffnung der amerikanischen Botschaft in Kuba, den 21. Juli, ist sonniges Wetter angekündigt: 32 Grad, nur wenige Wolken am Himmel. Mal sehen, ob es dabei bleibt. Wer weiß schon, wann sich im Golf von Mexiko der nächste Wirbelsturm zusammenbraut. Aber es wäre schön: Wärme für das Ende eines Kalten Krieges.

Vorerst sind keine Botschafter bestimmt. Die bisherigen Leiter der Interessenvertretungen, der Kubaner José Ramón Cabañas und der US-Amerikaner Jeffrey DeLaurentis, führen die Arbeit als Geschäftsträger weiter. Die Zeremonie zur Eröffnung der US-Botschaft und das Hissen der US-Flagge in Havanna sind für August im Beisein von US-Außenminister John Kerry vorgesehen.

Zwei Länder, David und Goliath, nur knapp 170 Kilometer Luftlinie sind es von Havanna nach Key West, knapp 400 bis Miami. Vielleicht markiert dieser Beschluss nun das Ende einer Eiszeit, die niemandem etwas genützt und vielen geschadet, die auf Kuba Menschenleben gekostet hat – das von Kindern zum Beispiel, weil es nichts gab, auch keine Medikamente. Inzwischen haben die Kubaner sie selbst entwickelt, die westlichen Pharmakonzerne könnten harte Konkurrenz bekommen. Die kubanischen Medien bezeichnen Havanna immer wieder als die Welthauptstadt der Medizin. Das ist vollmundig, aber es ist auch was dran.

Dennoch ist bei der medizinischen Infrastruktur noch viel Luft nach oben. Neulich war ich in einem kubanischen Krankenhaus. Ein Arzt aus Deutschland hatte medizinische Geräte und einen Computer im Gepäck, gespendet von Kollegen – eine kleine private Initiative, die ich genutzt habe, um mich mal in einer kubanischen Klinik umzuschauen. Touristen werden hier nämlich in eigenen Krankenhäusern untergebracht. Und im Gegensatz zu Kubanern werden sie zur Kasse gebeten. Deswegen muss auch jeder Ausländer, der auf die Insel kommt, eine Auslandskrankenversicherung haben und die Kosten vorstrecken.

Mein erster Eindruck in dieser kubanischen Klinik: Gemütlich ist anders. Der meist ausgebleichte und fleckige Anstrich sitzt – wie auf Kuba üblich – direkt auf dem mehr oder weniger heilen Putz. Die Zimmer sind nur mit dem Nötigsten ausgestattet, die Toilette für die Krankenhausdirektorin und das Personal kaum funktionstüchtig. In der Duschwanne ohne Duschvorrichtung steht der übliche Eimer mit Wasser zum Nachspülen. Die sterilisierten Handschuhe hängen zum Trocknen draußen an der Luft. Auch der Mediziner, den ich begleitet habe, musste schlucken. „Weißt du", sagt Tobias, „ich könnte sehr gut Sterilisatoren herbringen. Wir mussten unsere aussortieren, weil es neue, schärfere Hygienevorschriften gab, die Geräte arbeiten jedoch nach wie vor einwandfrei. Doch es ist nicht möglich, weil es auf Kuba keine Ersatzteile gibt, wenn sie kaputtgehen."

Ich treffe auch eine Gruppe Medizinstudenten. Sie üben und lernen an dieser Klinik mit einem Professor und seinem Assistenten in einem weiß gekachelten Raum. Die jungen Leute wirken etwas hilflos angesichts der deutschen Besucher, die da in ihre Arbeitswelt einbrechen. Übrigens inklusive Secondhand-Kleidung, in die Tobias den gebrauchten Computer eingepackt hatte – und der sorgt bei der jungen Klinik-Directora für besondere Begeisterung. Es gibt dort nämlich noch keinen.

Hilfe ist also vonnöten. Und trotzdem fühle ich mich als Dokumentarin für ein solches Hilfsprojekt – ich hatte versprochen, Fotos zu machen – ziemlich unwohl mit meinem Staunen über die baulichen Bedingungen in dieser Klinik. Besonders, wenn ich mir überlege, wie weit es die Menschen auf Kuba nach zwei großen Krisen inklusive Hungersnöten dennoch gebracht haben. Und ich denke bei mir, dass den europäischen Regierungen und ihren Völkern etwas mehr Bescheidenheit gut täte.

Es geht auch mit weniger. Nehmen wir die Kindersterblichkeit, in vielen Statistiken ein Indikator für den Entwicklungsstand eines Landes. Sie lag auf Kuba Ende 2014 bei 4,2 pro 1000 Neugeborene. Damit gehört sie zu den niedrigsten in ganz Amerika. Die Weltgesundheitsorganisation hat in der Vergangenheit zudem immer wieder die vorbildliche Umsetzung des Mutter-Kind-Programms in kubanischen Krankenhäusern und die flächendeckende Schwangerschaftsbetreuung hervorgehoben. Nach Angaben der kubanischen Behörden tragen diese Programme wesentlich zur Reduzierung der Kindersterblichkeit bei. Zum Vergleich: In Deutschland sind es laut der Version vom März 2015 des CIA World Factbooks 3,46 Todesfälle pro 1000 Neugeborene.

Wenn von der Annäherung die Rede ist, spüre ich beim genaueren Hinhören aber auch eine gewisse, meist unausgesprochene Zurückhaltung, ein kleines Zögern, bevor dann wieder der Optimismus bezüglich des Tauwetters überwiegt. Die Erfahrungen und (Vor-)Urteile aus über einem halben Jahrhundert der Klassenfeindschaft sind eben nicht so einfach beiseitezuschieben. Es gibt noch einige Stolpersteine zu überwinden. Erstens ist an einen Systemwechsel meiner Ansicht nach zumindest derzeit nicht zu denken. Die meisten Kubaner, mit denen ich gesprochen habe, finden ihren Sozialismus zwar stark verbesserungswürdig, wollen aber auf Segnungen wie die kostenlose Gesundheitsvorsorge und Bildung nicht verzichten. Ein besonders dicker

Brocken in den Verhandlungen sind die Entschädigungszahlungen, die derzeit im Raum stehen. Die Vereinigten Staaten fordern 1,9 Milliarden US-Dollar plus Zinsen und anderen Ansprüchen für die „Nationalisierung von Besitztümern US-amerikanischer Bürger", die Fidel Castro 1960 verkündet hat. Kuba macht 121 Milliarden US-Dollar für die „vielfältigen und hohen menschlichen und wirtschaftlichen Schäden" durch die Blockade geltend. Bis vor wenigen Jahren verloren übrigens Kubaner, die in die USA auswanderten, ihr Hab und Gut.

Neulich bin ich die Calzada entlangmarschiert. Calzado bedeutet Schuhwerk. Mein Ziel war das Hotel Meliá Cohíba. Dort fand dieser Tage eine Konferenz zwischen chinesischen und kubanischen Offiziellen statt. Es wurden Vereinbarungen auf dem Gebiet der Biotechnologie geschlossen, die unter anderem auch die Verbesserung der medizinischen Versorgung bei Krebs beinhalten. Zumindest stand das so in der „Granma".

Die Calzada spiegelt die Geschichte Kubas auf ganz besondere Weise wider. Wer der Vergangenheit auf dieser Straße nachspürt, begegnet ihr gleich zu Anfang, dort, wo die Infanta aufhört und die Calzada vom Malecón abzweigt, wo José Martí, der Dichter und Held der Befreiungskriege gegen Spanien, auf seinem Sockel steht, ein Kind im Arm und mit dem Finger auf ein Hochhaus mit dunklen Fenstern zeigt. An der Plaza Antiimperialista José Martí, hinter einem Wald aus 238 Fahnenmasten, dem Fahnenmeer der Trauer, liegt die amerikanische Interessenvertretung, die künftige Botschaft. Bis auf die kubanische Fahne sind die Masten leer, als ich vorbeikomme. Die schwarzen Flaggen mit dem weißen Stern, die einst dort wehten, sind nicht gehisst. Sie sollten an die 138 Helden erinnern, die laut kubanischer Lesart im Verlauf der Jahre von den USA getötet worden sind. Das Gebäude ist hermetisch abgeriegelt und streng bewacht. Ein Soldat weist mich an, die Straßenseite zu wechseln.

Ich schaue also von weiter weg auf die beiden halbrunden grauen Betonwände, die in den Nächten von LED-Strahlern angeleuchtet werden. „¡Patria o muerte!" und „¡Venceremos!" steht in großen roten Buchstaben jeweils auf dem Beton. Das Gebäude dahinter, das Haus „der amerikanischen Interessen", starrt aus gläsernen Augen dunkel und ausdruckslos auf diese Buchstaben. Die Bewohner des Hauses mit den dunklen Augen sind seit Jahren dazu verdammt, immer jene Sätze zu sehen: „Vaterland oder Tod! Wir werden siegen!"

Die Plaza Antiimperialista entstand im Jahr 2000 auf dem Höhepunkt der Auseinandersetzung zwischen den Vereinigten Staaten und Kuba um den kleinen Bootsflüchtling Elián Gonzáles. Fidel Castro warf den USA damals Kindesentführung vor. Und die Amerikaner müssen jetzt, auch nach Wiederaufnahme der diplomatischen Beziehungen, noch immer auf die großen roten Buchstaben am Halbkreis der Betonwände schauen.

Für die Annäherung ist das ein wirklich symbolischer Ort – und einer, der als Standort der amerikanischen Botschaft einer gewissen Ironie nicht entbehrt, zumal Obama ja immer wieder auf Menschenrechtsverletzungen auf Kuba hinweist. Für viele Kubaner, mit denen ich gesprochen habe, eine ziemlich irrwitzige Behauptung. Sie führen die vielen Farbigen ins Feld, die von US-amerikanischen Polizisten in den letzten Jahren erschossen worden sind, und verweisen auf den Rassismus, der noch immer in den Staaten grassiert. „Wir werden wohl keine Freunde werden", sagt Maikel Veloz vom Institut für Völkerverständigung, dem ICAP (Instituto Cubano de Amistad con los Pueblos), in

Havanna. Er kümmert sich um deutschsprachige Gruppen. „Aber vielleicht gute Nachbarn", fährt er fort.

Diese Zurückhaltung begegnet mir oft. In den letzten Jahrzehnten sind neue Kräfte mit einem neuen Selbstbewusstsein nachgewachsen. Kubanische Ärzte ziehen in die Welt hinaus. Insbesondere die Kooperation mit Brasilien wird im Fernsehen immer wieder hoch gelobt. Der Medizinsektor ist inzwischen noch vor dem Tourismus die Einnahmequelle Nummer eins.

Ja, die Calzada, sie regt zum Nachdenken an – da sind alte Kolonialvillen, alte Bäume, Bougainville-Ranken, Straßenhändler, *paladares*, *particulares*, das Haus, in dem die Eleven der staatlichen kubanischen Balletts ihre Schritte üben, daneben ein herrliches Theater. Die Calzada kreuzt die Straße der Präsidenten mit den Büsten von auf Kuba verehrter Männer wie Bolivar oder Allende, passiert das renommierte Hotel Presidente, trifft auf den Paseo, die Straße und den gleichnamigen Einkaufstempel mit dem Gesicht zum Malecón. Gegenüber liegt das Hotel Meliá Cohiba mit Geschäften der Luxusklasse.

Am nächsten Morgen verschlafe ich. Weil es so still ist. Die Schulferien haben begonnen, auch in der nahen Primarschule. Keine Pausenglocke, keine Stimmen von Lehrerinnen, kein Kinderlachen. Und auch keine Düfte mehr aus der Schulküche mit den kaputten Fenstern. Fenster sind auf Kuba anscheinend wirklich schwer zu bekommen. Juan Carlos hat in meiner Dusche eine Glaswand eingebaut. „Wo gibt es solche großen Scheiben?", frage ich ihn. Die habe er per Zufall bei einem ihm bekannten Händler gefunden. Und woher hat der Händler sie? Das habe er nicht herausfinden können, antwortet mein Vermieter.

Ferien, da fragt sich die Besucherin, was machen Kubaner eigentlich, wenn sie Urlaub haben? Also starte ich unter meinen Bekannten und Freunden eine kleine Umfrage. Das Ergebnis ist eindeutig: Falls sie es sich leisten können, verreisen sie. Meist mit den staatlichen Reiseagenturen Havanatur, Cubatur, Transgaviota und wie sie alle heißen. Die privaten Reiseveranstalter sind nur für ausländische Touristen erschwinglich.

Bis vor nicht allzu langer Zeit brauchten Kubaner von der *Oficina de Inmigración* die „weiße Karte", wenn sie eine Reise ins Ausland geplant hatten. Wer die Insel für immer verlassen wollte, war seine Habe los. Seit dem 14. Januar 2013 gilt das Dekret 302, das mehr Bewegungsfreiheit brachte. Seitdem können Kubaner ohne umständliche Formalitäten im Inland in Flugzeuge oder auf Schiffe steigen und ins Ausland reisen, prinzipiell ihr Land für zwei Jahre am Stück verlassen, ohne ihre staatsbürgerlichen Rechte zu verlieren. Etwa zeitgleich stieg in diesem und im Jahr darauf die Zahl der Migrationswilligen sprunghaft an. Zum Beispiel hat sich die Zahl der Kubaner, die versucht haben, über die mexikanische Grenze in die Vereinigten Staaten zu gelangen, laut einer Statistik der Internetseite „CaféFuerte" mit über 17 000 Menschen im Jahr 2014 mehr als verdoppelt. 2015 wird sich die Zahl voraussichtlich bei rund 6000 einpendeln.

Aber auch in umgekehrter Richtung könnte es Migrationsprobleme geben, wenn es mit der Annäherung vorangeht. Allein in den Vereinigten Staaten leben zwischen zwei und drei Millionen Exilkubaner. „Was machen wir, wenn sie alle auf einmal zurückkommen wollen?", gibt Juan Carlos zu bedenken. „Wo sollen die alle hin? Wir haben die Wohnungen nicht."

Früher war es so, dass Exilkubaner nur Familienangehörige ersten Grades auf Kuba problemlos besuchen konnten, dazu gab es noch einige gesellschaftliche Gruppen, denen das auch möglich war. Diese Regelungen sind gelockert worden. Die Liste der zugelassenen Besucher ist auf zwölf Kategorien erweitert worden, darunter Wissenschaftler, Journalisten, die Teilnehmer internationaler Konferenzen, Personen, die in den Bereichen Gesundheit, Erziehung, Sport, Kunst und Religion tätig sind. Um nur einige zu nennen.

Für auswanderungswillige Kubaner gab es eine Obergrenze: pro Jahr ein Kontingent von rund 20 000 Visa für die USA. Allerdings wurden nicht immer alle ausgegeben. Die auf Kuba für Kubaner wahrnehmbare und auch offen angeprangerte Korruption kam hier zum Tragen. Westliche Medien wie die „Welt" haben zudem berichtet, dass es 1998, rund drei Jahre nachdem diese Quote zwischen den Vereinigten Staaten und Kuba mittels eines Migrationsabkommens festgelegt worden war, wegen des großen Andrangs sogar eine Visa-Lotterie gegeben hat.

Bereits im Mai haben Kuba und die USA sich auf die Wiederaufnahme der Fährverbindung geeinigt und Kuba hat auch schon erste Lizenzen vergeben. Die direkten Fährverbindungen zwischen Florida und Kuba waren nach der Revolution eingestellt worden. Geplant sind drei oder vier Übernacht-Fahrten pro Woche. Im Dezember soll es losgehen, habe ich gehört. Ein genaues Datum ist noch nicht bekannt. Bis dahin sind die jährlich mehr als 600 000 Reisenden auf teure Charterflüge angewiesen. Rund achtzig Prozent von ihnen sind übrigens US-Bürger kubanischer Herkunft.

Dann wird Juan Carlos vielleicht doch noch seine Kinder besuchen, die in Florida leben. Das hat er mir bei einem unserer abendlichen Zwei-Finger-hoch-Wein-Gespräche erzählt. Als er das vor Jahren schon einmal wollte, bekam er kein Visum. Seit damals, sagt er, hat er es nicht wieder versucht. „Ich wollte eigentlich nicht so gerne in die Vereinigten Staaten", begründet er seine Entscheidung. Und das, obwohl er seine Enkelkinder und die Urenkel schon vermisst. Deswegen freut er sich sehr darauf, dass seine Tochter anlässlich seines Geburtstages ihren Besuch angekündigt hat. Nach Venezuela wollen Ernestina und Juan Carlos ebenfalls nicht. Da haben sie Verwandte und Freunde. „Zu viel Kriminalität, da ist das Leben auf Kuba viel besser", konstatiert Ernestina.

Und wohin verreisen Kubaner denn nun, die keine Verwandten in einem lateinamerikanischen Land oder gar in Amerika haben, also solche, die Geld für den Flug schicken können? Kubaner, die im Land bleiben? Na klar, das hätte ich mir denken können. Varadero, die Touristen-All-Inclusive-Halbinsel in der Provinz Matanzas ist einer der Träume. Aber dahin geht es meist nur für wenige Übernachtungen und dann in eine Privatpension für Kubaner. Falls ein Zimmer frei ist. Übernachtungen in Touristenhotels sind für Kubaner unerschwinglich.

Ansonsten? Campingplätze. Dahin zieht es jedenfalls die Eltern von Angela einmal im Jahr. Immer auf denselben Campingplatz an einem Fluss in Matanzas. Dort gibt es allerdings keine Zelte, sondern kleine Häuschen.

Und was machen die Daheimgebliebenen: Reparieren, was zu reparieren ist, fernsehen, lesen, hin und wieder ausgehen.

Oder eben doch arbeiten. Gearbeitet wird – nehmen wir als Beispiel einen Regierungsjob in einer Behörde (auch Ärzte und Anwälte sind Staatsbedienstete) – acht Stunden, von Montag bis Freitag. Ärzte praktizieren gemeinhin bis 17 Uhr. Für Notfälle gibt es Ambulanzen. Es existieren auch Ärztehäuser mit verschiedenen Spezialisten und einem gemeinsam ausgearbeiteten Schichtdienstplan. Alles in allem sind also vierzig Stunden die Woche üblich. In anderen Berufen, zum Beispiel in der Fertigung, wird ebenfalls Schicht gearbeitet, um die Maschinen auszulasten, manchmal auch jeden zweiten Samstag. Wird eine Frau schwanger, dann bekommt sie nach der Geburt ein Jahr lang ihr Gehalt weiterbezahlt.

Bei den Arbeitszeiten ähneln sich die Lebenswelten der Kubaner und der europäischen Touristen. Völlig verschieden sind sie im Bereich öffentlicher Nahverkehr. Reden wir mal wieder über Fahrzeuge! Fangen wir mit den Bussen auf Havannas Straßen an. Die städtischen Busse, die *guaguas*, sind meist klapprig, ohne Klimaanlage. Kuba hat Busse aus Spanien importiert (manchmal kann man auch noch Aufschriften lesen wie – übersetzt – „Busgesellschaft Barcelona") und auch aus China. Dafür kostet die Fahrt nur einen CUP. Das Ergebnis: Sie sind meist überfüllt. An den Bushaltestellen stehen nur die Busnummern oder Buchstaben. Wenn der Bus dann kommt, kann man oben am Fahrerhaus lesen, zwischen welchen Endpunkten er verkehrt. Meistens jedenfalls. Routenpläne gibt es zwar, aber am einfachsten ist es, sich durchzufragen. Auch die Sammeltaxis fahren bestimmte Routen ab. Die *machinas* brauchen keine Abfahrtszeiten, sie verkehren ständig, und es gibt viele von ihnen. Einfach die Hand rausstrecken und lässig winken. Wegen der Routen muss man sich ebenfalls durchfragen.

Die Fahrt in einer *machina* kostet im näheren Umkreis zehn CUP, wird es weiter, dann zwanzig. Am besten gleich das Fahrgeld bereithalten und dem Fahrer in die Hand drücken, wenn Sie aussteigen.

Ach ja, und vergewissern Sie sich besser, ob das wirklich eine „Machina" ist, die bei ihnen anhält, wenn keine anderen Passagiere drinsitzen. Sonst könnte es sein, dass der Fahrer seinen Wagen ab sofort als Einzeltaxi betrachtet und mehr verlangt.

Außer Bussen und Sammeltaxis gibt es noch die gelben, meist neueren Busse der Kooperativen, die Taxis Routeros. Sie kosten fünf CUP. Oder die „normalen" staatlichen Taxis eben, die gelben. Die haben einen Taxometer und drohen auch damit, aber auch hier kann man handeln. Ebenso beim Cocotaxi oder einem Bicitaxi.

Nun zu einem weiteren Stück kubanischer Wirklichkeit jenseits der Pfade und der CUC-Welt der Touristen: In der Provinz Guantanamo sterben Kühe, dieses Jahr bereits fast 1000, wie die „Granma" am 6. Juli „im Jahr 57 der Revolution" gemeldet hat. Dass es diese Meldung neben seitenlangen Berichten von Zusammenkünften und Reden der Nationalversammlung überhaupt unter die Top Ten der Verlautbarungen der Parteizeitung geschafft hat, will etwas heißen. Angeblich sterben die Tiere, weil es nicht genügend Wasser und Nahrung gibt. Angeblich.

Man sollte vielleicht wissen, dass drastische Gefängnisstrafen drohen, wenn ein Bauer eine Kuh illegal tötet, um sie zu essen oder das Fleisch zu verkaufen. Dieses Gesetz stammt noch aus der Zeit, als Che Guevara Landwirtschaftsminister war. Es herrschte Mangel an Nahrungsmitteln, die Menschen hungerten. Damit sollte verhindert werden, dass die Bauern aus lauter Verzweiflung die Kühe töteten, die Milch für die Kinder Kubas liefern konnten.

Unlängst gab es laut „Granma" wegen des Kuhsterbens eine Untersuchung unter der Oberaufsicht des stellvertretenden Sekretärs der kommunistischen Partei, deren Ergebnisse nun in der Nationalversammlung diskutiert worden sind. Der Bericht darüber bestätigt Juan Carlos' schlimmste Befürchtungen: Das Problem scheint immens zu sein. Die Nationalversammlung müsse allein über – offiziell – 1728 gestohlene oder illegal getötete Rinder im ersten Halbjahr 2015 sprechen. Kombiniert wurde diese Meldung allerdings

mit dem Hinweis, dass die Zahlen in allen Provinzen zu-
rückgingen, bis auf Guantanamo, Cienfuegos, Pinar del Río
und La Habana. Insgesamt sind im ersten Halbjahr über
29 242 Kühe mehr verendet als im Vergleichszeitraum 2014,
so die „Granma". So weit, so unklar, denn genaue Vergleichs-
zahlen für das Jahr 2014 gab es in diesem Bericht nicht.
Klar ist offenbar nur, dass die Probleme weiter bestehen,
und die Herden weiter schrumpfen.

Die Wortmeldungen der Abgeordneten in der im Fernsehen ausgestrahlten Sitzung der Nationalversammlung sind
deutlich: Womöglich würden noch mehr Tiere als bekannt
illegal getötet und gestohlen, hieß es sogar dort. 123 staatliche Betriebe sollen ineffizient sein, der Bestand von fast
34 000 Kühen sei gefährdet. Es steht zur Diskussion, die
123 ineffizienten Betriebe zu schließen. Die Milchproduktion
der 361 Staatskooperativen betrug laut „Granma" übrigens
13 150 720 Liter weniger als im Plan vorgesehen, was 1300
Tonnen Milchpulver im Gegenwert von rund 4 066 202 US-
Dollar entspricht. Das muss nun dazugekauft werden, um
den Plan zu erfüllen.

„Was ist mit den Arbeitern der von der Schließung be-
drohten Betriebe?" Das fragt sich Juan Carlos. „Wo arbeiten sie dann?" Bisher hat er darauf noch keine Antwort bekommen. Dabei hat er noch andere Fragen. „Warum tun die
Leute in den Staatsbetrieben nichts, um die Kühe vor dem
Verhungern zu bewahren, schauen sie einfach zu? Warum
bringen sie die Tiere nicht dahin, wo es genügend Futter
gibt? Oder töten sie wenigstens, ehe sie verhungern, und
bringen das Fleisch günstig auf den Markt ...?" Fleisch ist
teuer in Kuba, Rindfleisch besonders. Juan Carlos vermutet
ebenfalls, dass mehr Tiere als zugegeben unter der Hand ge-
schlachtet werden. Und jetzt werde versucht, das mit dem
Hinweis auf Mangel an Wasser und Nahrung zu vertuschen.

Am 14. Juli entlädt sich nicht nur der Zorn der Abgeordneten in der Nationalversammlung, sondern über meiner *casa* auch ein Tropengewitter. Es kracht und donnert, dass die Wände beben. Ernestina und Juan Carlos kommen hoch, versichern mir, alles werde gut. Ich nicke und gebe die Coole. Ob ich nach unten kommen will? Nein, ich lasse mich nicht einschüchtern! Und dieses Apartment in Kuba kommt einem Zuhause schon sehr nah. Auch wenn Ernestina zu Zeiten wischt und feudelt, in denen ich lieber allein wäre.

So ist das eben in einer Familie, denke ich mir, als sie mal wieder unvermittelt auftaucht. Ich sitze gerade am PC und schreibe. „Hola Petri, que tal?", fragt Ernestina, den Eimer in der Hand, mit dem sie eine ganze Batterie von Flaschen mit Putzmitteln die Treppe zu meinem Apartment hochschleppt. Sie will mein Zimmer und mein Bad putzen. Ich sehe die Flasche mit dem Chlor und gebe mir einen Ruck. Ich muss sie endlich mal darauf ansprechen. Ernestina liebt Chlor. Ich nicht. Ich kann bei dessen Ausdünstungen nicht schlafen und ziehe dann immer aufs Sofa draußen im überdachten Teil auf meiner Veranda um. Falls es nicht gerade regnet, ist es da nachts herrlich, es herrscht immer ein kleiner Luftzug. „Oh, klar, dann nehme ich nicht so viel", meint sie bereitwillig, und sieht etwas erstaunt aus. Außerdem rührt sie sich nicht vom Fleck.

Ich wundere mich und schaue hoch. Dann begreife ich. Ich habe inzwischen ohnehin den Verdacht, dass Ernestina Putzaktionen zum Vorwand nimmt, um ein kleines Schwätzchen zu halten. Mir kommt das auch gelegen. So ein Gespräch unter Frauen kann manchmal sehr aufschlussreich sein. Also biete ich ihr wie immer etwas an. Je nach Zeit und Vorratshaltung einen Saft, einen Espresso, manchmal aber auch, so wie heute, ein Schälchen mit Schokoladeneis, übergossen mit Eierlikör. Der wird auf Kuba natürlich mit Rum gemacht.

Sie erzählt von ihrem Sohn Raoúl, ihrem „Mango", auf den sie sehr stolz ist. Wenn sie sich an dessen Kindheit erinnert, an die kleinen und großen Begebenheiten, die es in allen Familien gibt, dann leuchten ihre Augen. Und ich denke wieder einmal, dass – bei aller Unterschiedlichkeit der Lebenswelten – das Grundlegende doch in allen Ländern ähnlich ist. Die Flasche mit dem Chlor nimmt sie wieder mit nach unten.

Im August ist Karneval in Havanna. Aber in diesen Tagen muss ich kurzfristig wegen eines Termins für zwei Wochen nach Deutschland und Ende August nach Santa Clara. Unbedingt!

Aber ich bin ja flexibel. Und so fahre ich kurzentschlossen nach Santiago de Cuba. Dort tobt der Karneval im Juli. Er soll sogar noch größer und viel schöner sein als der in Havanna. Das Allerschönste: Angela hat Zeit, sie kommt mit. Ein Freund fährt uns sogar, er muss in dieselbe Richtung. Ich spendiere dafür eine Unterkunft in einer *casa particular*. Wie es der Zufall will, gehört sie Freunden des Freundes von Angela.

Also rein ins Getümmel. Es ist längst dunkel. Die brütende Tageshitze sollte eigentlich vorüber sein. Tausende Menschen sind unterwegs, aus allen Winkeln von Santiago de Cuba strömen sie gut gelaunt ins Stadtviertel Sueño. Dort sind auf beiden Seiten der Victoriano-Garzon-Allee Holztribünen zusammengezimmert worden. Angela und ich bemühen uns, möglichst nah ans Geschehen vorzudringen. Denn jeden Abend ab 22 Uhr ziehen die Karnevalsgruppen der einzelnen Stadtviertel in einem Wettbewerb tanzend durch diese Allee. Angela hat mir genau erzählt, was mich erwartet: groteske Figuren mit riesigen Köpfen aus Pappmaschee. Das kenne ich aus Basel, vom Morgenstraich, Schwellköpfe heißen sie da.

Dann gibt es aber auch Hunderte von temperamentvollen Samba-, Rumba- und Salsatänzern, große Festwagen, auf denen sparsam bekleidete Schönheiten tanzen. Das klingt nach Rio de Janeiro, so habe ich mir den Karneval dort immer vorgestellt. Die Tänzer auf den Wagen werden von Musikern begleitet: Bongos, Claves, Tumbadoras, Maracas und weitere Schlaginstrumente aus Holz und Metall. Andere Musiker geben mit Pauken und Trompeten ihr Äußerstes.

Mir wird noch heißer als ohnehin schon, kurz darauf triefe ich. Glücklicherweise habe ich eine Wasserflasche dabei. Die ist bald leer. Ich muss trotzdem nicht verhungern und verdursten. Denn rund um die zur Bühne umfunktionierten Straße tobt ein Volksfest mit zahllosen Getränke- und Imbissbuden, mobilen Discotheken und Bühnen, auf denen spät abends bekannte Salsabands auftreten. Getanzt wird mindestens bis vier Uhr morgens, sagt Angela. Ich bin mir nicht sicher, ob ich durchhalte, sage aber erst einmal nichts. Die Menschen bewegen sich dicht an dicht, ich werde gestoßen und angerempelt, fühle mich wie in der Sauna, mir wird leicht koddrig in der Magengegend. Ich mag normalerweise weder Saunen noch große Menschenansammlungen. Und das hier ist ein Hexenkessel. Doch ich vergesse all das schnell. Die Congas erinnern mich an die Tschättermusik zu Fasnacht in meiner alemannischen Heimat – und ich bin voll dabei, wippe begeistert. Unter die Trommeln mischt sich ein schrilles Stakkato. Von Angela lerne ich, dass das chinesische Trompeten sind. Sie ist überhaupt eine gute Fremdenführerin. Daher weiß ich kurze Zeit später: Ursprünglich war die Conga die Musik der Sklaven zu Festen, nicht nur zu Karneval, auch zu Dreikönig oder Fronleichnam. Sie wird von verschiedenen Comparsa-Truppen auf

Congas mit Schultergurt, Glocken oder anderen Metallteilen wie Hacken, Bremstrommeln oder *sartenes* (zwei zum Umhängen auf ein Brett mit Gurt genagelten kleinen Pfannen) sowie Basstrommeln gespielt. Die verschiedenen Gruppen haben jeweils ihre eigenen Lieder.

Später fragt mich Angela, ob ich noch zum Straßenkarneval in zwei anderen Vierteln Santiagos will, in Trocha und vor allem in Las Olmos soll es hoch hergehen. Hier gebe es keine Festwagen und durchchoreografierte Tanzdarbietungen. Stattdessen eben die Congas: Trommeln, Schlaghölzer, Rasseln und Glocken würden afrokubanischen Sound bieten. Angela verspricht mir eine zügellose Party.

Nichts gegen Partys. Ich winke trotzdem ab, obwohl ich ein schlechtes Gewissen habe. Mehr verkrafte ich nicht. Ich bin jetzt schon völlig erschöpft, will lieber einigermaßen bei Kräften bleiben und mir morgen noch Santiago anschauen. Tagsüber. 1984 hat Staatspräsident Fidel Castro Santiago für die besonderen Verdienste seiner Bürger um die Revolution als einziger Stadt Kubas den Ehrentitel „Heldenstadt der Republik Kuba" verliehen. Der Grund: Als Fulgencio Batista noch in Kuba regierte, nahm der bewaffnete Kampf durch eine Gruppe um den jungen Rechtsanwalt Fidel Castro in Santiago mit dem Sturm auf die Moncada-Kaserne am 26. Juli 1953 seinen Anfang.

Santiago ist mit mehr als 500 000 Einwohnern die zweitgrößte Stadt Kubas, gegründet 1515 von den Spaniern. Lange Zeit war sie Hauptstadt und Hauptstützpunkt der spanischen Armada. Hier kamen die Sklavenschiffe an. Auch die Franzosen machten ihren Einfluss geltend. Die Bevölkerungsmehrheit ist dort jedoch bis heute schwarz. Und in Santiago liegen die Wurzeln der berühmten Son-Musik. Die Musiktreffs wie die Casa de la Trova oder die Casa de la Musica im Herzen der Altstadt von Santiago sind dieses

Mal allerdings mehr oder weniger verwaist, als wir vorbei-kommen. Vermutlich schlafen die Touristen noch.

Auf der Heimfahrt denke ich über einen Tag am Strand, an den Playas del Este, etwa zwanzig Kilometer außerhalb nach. Bloß – es ist zu heiß, und ich bin zu erschöpft. Selbst dafür.

August

DA BIN ICH ALSO WIEDER. Ich habe eine kurze Stipp-visite bei der Familie in Deutschland eingeschoben, auch, um einige Behördentermine wahrzunehmen. Es ist wie heim-kommen. Wie soll ich ihn nur beschreiben, diesen Geruch von Havanna, der den Besuchern um und in die Nase weht, sobald sie die Flugzeuggangway hinunter zum Flughafen-gebäude gehen?

Als mein Flieger einschwebt, ist es bereits Nacht. Ha-vanna hat die Lichter angeknipst. Es riecht nach Staub, ein bisschen nach Meer, nach der Erinnerung an einen sonni-gen Tag, nach Schweiß – nach Leben eben, mit all seinen schönen und schlechten Seiten. Es steigt mir pfeffrig, leicht kratzig, auf jeden Fall gut gewürzt und auch ein bisschen miefig-widerspenstig in die Nase. Ja, das ist es. Wer wissen möchte, wie das Leben in der Karibik riechen kann, der sollte nach Kuba reisen. Es hat dort einen besonderen Duft. Und trotz meiner Ungeduld, Juan Carlos wiederzusehen, der vor dem Flughafen auf mich wartet, bleibe ich ganz ruhig, als es mit den Koffern dauert. Ich bin angekommen, in ei-ner bis vor kurzem noch fremden Welt, in einem anderen Duft, aber angekommen.

Ich bin in dieser ersten Nacht nach meiner Rückkehr auf die Insel früh schlafen gegangen und gut erholt auf-gewacht. Allerdings schon gegen sechs Uhr, die sechs Stun-den Zeitverschiebung lassen grüßen. Und ich freue mich auf den ersten kubanischen Kaffee, es gibt noch einen Rest Pulver vom letzten Mal in meiner Küche.

Espresso kann ich mir trotzdem nicht kochen. Ernestina

hat den Gashahn abgedreht. Sie hat immer Angst, dass etwas passieren könnte. Ich schmunzele in mich hinein, nachdem ich die erste Enttäuschung überwunden habe. Da ist sie wieder, meine *familia*, mit allen guten und allen manchmal gewöhnungsbedürftigen Seiten. Das mit dem Gas hätte ich mir eigentlich denken können. Und das Kaffeeproblem lässt sich lösen, falls Ernestina mal wieder Angst hat. Ich koche einfach immer welchen vor, den kann ich dann in der Mikrowelle aufwärmen, wenn ich kein Gas habe.

Als ich nach unten will, um Ernestina zu bitten, den Gashahn aufzudrehen, stehe ich vor einer verschlossenen Tür und komme nicht raus. Ich habe meinen Schlüssel – nicht zum ersten Mal – draußen am Treppenaufgang vor meiner „Haustüre" deponiert und vergessen ihn abends „reinzuholen". Dabei hätte ich es wissen müssen: Ernestina vergisst nie abzuschließen. Sie ist in ihren Gewohnheiten eisern. Und da greift sie nach jedem Schlüssel, der ihr gerade in die Hände fällt. Das tut sie nämlich meist spät in der Nacht, wenn sie schon müde ist. Zu müde, um darüber nachzudenken, dass sie ihren eigenen Schlüssel nehmen und meinen vielleicht drinnen deponieren könnte, damit ich wieder rauskomme. Ich glaube, sie fühlt sich einfach wohler, wenn alle Bewohner des Hauses sicher und gut eingeschlossen in ihren Betten liegen. Das ging mir mit meinen Kindern ähnlich. Abends, wenn nach einem trubeligen Tag Ruhe eingekehrt war, wenn die Nacht Frieden und Stille atmete, das waren mit die schönsten Stunden. In der Gegenwart gibt es nur eine Lösung: Ich muss mit dem unteren Stockwerk telefonieren.

Ich triefe auch gleich wieder, was das Zeug hält, als ich aus dem Haus gehe. Ich muss den Kühlschrank füllen, aber zuerst Geld wechseln. Es geht problemlos, sogar ohne Schlange zu stehen.

An diesem ersten Morgen nach meiner Rückkehr ist mir allerdings noch nicht klar, was beim Geldwechseln in den nächsten Wochen deutlich werden wird – es gibt immer weniger CUCs für den Euro. Der Kurs sinkt rapide, von anfangs rund 330 CUC für 300 Euro bis auf 309 und weiter. CUP wechsle ich auch gleich ein und klappere „meine Läden" und Lieblingsmärkte ab: Tomaten, das *libra* acht Pesos, eine Avocado zehn, gefrorenes Fischfilet, Reis. Aber es gibt kein Öl – und derzeit keinen Käse. Dafür aber Butter. Als Ersatz für den Käse erwerbe ich ein Glas Orangenmarmelade. Und damit habe ich erst mal wieder fast alles, was ich brauche.

Kurz darauf erfahre ich die traurige Nachricht. Bifang, die kleine Hündin von Juan Carlos, ist gestorben, während ich weg war. Sie konnte geliebt und friedlich einschlafen. Ich sehe sie noch auf den kühlen Fliesen unten im dämmrigen Hausflur liegen, oft den Bauch schwer vom Wasser, das sich angesammelt hatte, weil die Nieren nicht mehr richtig arbeiteten. Juan Carlos brachte sie jeden zweiten Tag zum Tierarzt, hat einmal selbst zusammen mit seinem Stiefsohn Raoúl die Drainage vorgenommen. Die alte Mischlingshundedame, braunweiß gefleckt, irgendetwas zwischen Pinscher und Rinnsteinadel, ließ es ruhig und vertrauensvoll mit sich geschehen. Er streichelte ihr die Atemnot weg, wenn sie zu keuchen begann. Er liebte sie einfach, denn, und das pflegt er oft zu erzählen, er half bei ihrer Geburt. Und die Mutter hat sie direkt in seine Hand hinein geboren. Bifang wurde zwanzig Jahre alt. Ruhe in Frieden.

Die kleinen Kätzchen von nebenan werden zwar von Juan Carlos gefüttert, aber sie haben kein so gutes, Leben, werden nicht liebevoll gehegt und gestreichelt. Von fünf kleinen Katzenwaisen sind nun nur noch drei übrig. Das macht mich ebenfalls traurig.

Am ersten Abend lädt mich Ernestina zum Essen mit der Familie ein. Es wird spät, wir haben einander viel zu erzählen, obwohl ich nicht lange weg war. Am zweiten Abend habe ich keine Lust zu kochen. Blöderweise habe ich aber eingekauft, also muss ich an den Herd: Tomatenrühreier mit Zwiebeln, ohne Käse. Es gibt Zeiten, in denen ich unserer Form des Kapitalismus durchaus etwas abgewinnen kann. Inzwischen kann ich mit den ständigen Fragen, manchmal der Anmache, bei meinen Spaziergängen viel lockerer umgehen. „Ah Linda, where are you from? Alemania? Oh, da ist es schön, da habe ich einen guten Freund. Wie gefällt dir Kuba? Brauchst du nicht einen *novio*, einen Freund?" Ich beschließe, künftig aus Frankreich zu kommen. Englisch sprechen hier viele, manche auch Russisch, da kann ich mit meinem bisschen Russisch nicht mithalten. Deutsch ist ebenfalls oft zu hören. Viele Kubaner haben in der ehemaligen DDR studiert. Aber Französisch sprechen nicht viele. Und falls doch, kann ich es fließend genug, um mit einem Scherz zu antworten.

Ich reagiere jetzt, wenn ich angesprochen werde, mit einem Winken, einem Zwinkern oder einem Lächeln. In einem speziellen Fall, von dem ich unbedingt berichten will, sitzen die Menschen wie viele andere mit ihrem Handy am Rand des Bürgersteigs der Rampa, der 23. Straße. Denn dort gibt es seit Juli Wifi. Die gesamte Straße ist ein Hotspot. Ich passiere zwei Jungs um die zwanzig, es kommt die übliche Frage. Ich lächle und wedele mit meinem Fächer. Da sagt doch der eine zum anderen: „Lass sie in Ruhe, das ist eine Kubanerin." Ich bin stolz wie Bolle. Glücklicherweise sehen die beiden Herren mein breites Grinsen im Weitergehen nicht mehr. Denn eines ist schon klar: Meiner schönen Augen wegen werde ich hier nicht dauernd angesprochen, sondern aufgrund der Hoffnung, dass sich die Bekanntschaft mit einer allein reisenden, blonden Touristin vielleicht auszahlt.

Auch eine Woche später ist es noch unglaublich tropisch. Feucht, heiß und drückend. Der Ventilator macht Überstunden, denn ich habe zum ersten Mal Gäste in meinem Apartment – Rachel, 72, und Ira, 92. Aus New Jersey. Eine Notgemeinschaft, wenn man so will. Er kann nicht mehr gut laufen, sitzt meistens im Rollstuhl und hat erzählt, es sei wegen einer Rückenoperation. Sie hat Blasenkrebs. So achten sie halt aufeinander, sind „Freunde". Ich habe sie im Hotel Nacional kennengelernt, und sie haben mich immer mal wieder zu einem Drink eingeladen. Heute also sind sie zu Besuch bei mir. Samt Juan Carlos und Ernestina. Da gibt es nur ein Problem – keiner der beiden Männer kann gut zuhören. Rachel hat mehrfach dieselbe Frage gestellt wie ich: Die Kubaner haben einmal Revolution gemacht, warum wehren sie sich nicht gegen Zustände, die ihnen nicht gefallen – trotz angeblicher Zuwächse noch immer niedrige Löhne, weiter steigende Preise?

Juan Carlos reagiert weitschweifig mit der Erzählung seines kompletten Lebens, was natürlich nicht wirklich eine Antwort ist. Und es dauert. In 78 Jahren kommt ja einiges zusammen. Ich lerne wieder etwas mehr über ihn. Geboren in kleinen Verhältnissen, eines von sechs Kindern, wissensdurstig, lernbegierig, jeden Tag Abendschule – das war unter Batista. Dann hat er für die Revolution gekämpft, war bei den Milizen, anschließend beim Militär und als „Diplomat" unterwegs in vielen Ländern, meist der sozialistisch-kommunistischen Welt. In Angola, Äthiopien, Vietnam, China, Russland. Nach seinem Ausscheiden aus dem Militärdienst arbeitete er als Repräsentant für einen Kuba-Amerikaner, offenbar einen Blockadebrecher, der Kleider und Medizin für Kinder nach Kuba brachte, was ja nichts Schlechtes ist.

Vielleicht aber auch anderes, über das Juan Carlos nicht spricht.

Abends gehen wir zu fünft in ein wirklich gutes Hinterhof-Restaurant namens Amena – es ist klein, dunkel, aber das Essen dort ist hervorragend. Ich esse *camarones*, Garnelen, ich kann Hühnerschenkel nicht mehr sehen. Die gibt es nämlich meistens, wenn überhaupt Fleisch auf den Tisch kommt, denn Schwein und Rindfleisch sind teuer. Fisch ebenfalls. Aber es sind auch andere Teile zu haben, Hühnerleber zum Beispiel. Die anderen vier essen Suprema de Pollo, auch *pechuga* genannt, also Hühnerbrust. Das amerikanisch-kubanische Gespräch geht auch hier weiter.

Ich höre interessiert zu und denke, es ist zu viel von den Kubanern verlangt, dauernd Revolution zu machen. Sie hatten in den Jahren seit der Revolution genügend Krisen zu überwinden. Außerdem: Warum sollen die Kubaner, zumindest die, die auf der Insel geblieben sind, unbedingt westliche Verhältnisse haben wollen? Die „Demokratie des Kapitalismus" hat jede Menge Schattenseiten. Das kubanisch-amerikanische Tauwetter zeitigt außerdem ja weitere Effekte wie die Einführung von Direktflügen Washington-Kuba, die geplante Schiffsverbindung, Wifi fürs Volk an manchen großen Plätzen. Das ist eine Menge an Veränderung. Und wenn der Prozess fortgeschritten ist, werden wir uns vielleicht tatsächlich alle miteinander wünschen, es gäbe das Kuba von heute noch. Doch das Sicherste im Leben ist nun mal der Wandel.

Übrigens auch für Raoúl. Ernestinas Sohn hatte bereits nach zwei Tagen eine neue Freundin, erfahre ich von Ernestina. Ich lerne sie aber erst später kennen. Sie ist wunderschön, sehr sexy.

Ansonsten hab ich jetzt erst mal wieder gepackt. Es geht in die Provinz Santa Clara zur Eröffnung einer Ausstellung über das Leben von Tamara Bunke, konzipiert in Berlin von Studenten des Studiengangs Museumskunde der Hochschule für Wirtschaft und Technik (HTW) unter Leitung von Professor Oliver Rump und seiner Frau Kai. Jeder Reiseveranstalter, der etwas auf sich hält, führt die Kubabesucher in diese streng bewachte Gedenkstätte. Doch deshalb bin ich nicht dabei. Ich hatte bei meinen Vorbereitungen für mein „Abenteuer Kuba" von dem Projekt erfahren, mich mit den Berlinern in Verbindung gesetzt und bin mitten in ein anderes Abenteuer geraten.

Für Tamara Bunke (geboren am 19. November 1937 in Buenos Aires, Argentinien, gestorben am 31. August 1967 in Vado del Yeso, Bolivien), Kind deutscher Kommunisten, Revolutionärin, Guerillakämpferin, ist es in gewisser Weise eine Rückkehr – fast fünfzig Jahre nach ihrem Tod durch Kugeln des bolivianischen Militärs. Tamara war unter anderem Dolmetscherin des kubanischen Nationalballetts bei dessen Europareise. Mit dessen Unterstützung und eingeladen vom kubanischen Institut für Völkerfreundschaft (ICAP), reiste sie nach Kuba und begann 1961 in Havanna ein Journalistikstudium. Sie arbeitete für die kubanische Frauenföderation (FMC) sowie in Arbeitsbrigaden und wurde Mitglied im Internationalen Studentenbund (ISB). 1962 kam sie als Milizionärin zum ICAP. 1963, nach eingehender Prüfung durch die kubanischen Genossen, begann für Tamara die Ausbildung zur Kämpferin und Partisanin. Einer ihrer Ausbilder war Ulises Estrada, mit ihm verlobte sie sich. Unter ihrem Kampfnamen Tania gehörte sie auch zur Truppe von Che Guevara in Bolivien und wurde nur wenige Wochen vor ihm dort erschossen. Ihre Gebeine sind ganz in der Nähe der sterblichen Überreste ihres großen Vorbilds im Mausoleum in Santa Clara beigesetzt.

Im Berliner Archiv der Partei Die Linke lag nach dem

Tod der Mutter Nadja Bunke vor wenigen Jahren die Hinterlassenschaft der jungen Frau. Die Familie, allesamt überzeugte Kommunisten, war zur Zeit des Faschismus nach Argentinien ausgewandert und später in die DDR zurückgekehrt. Als Professor Oliver Rump gefragt wurde, ob er das Erbe hüten möchte, sagte er begeistert Ja – und machte zusammen mit seiner Frau Kai ein Projekt daraus.

Die Materialien sind dann mit finanzieller und ideeller Unterstützung des Kooperationspartners Cuba Sí im Rahmen dieses Praxisprojektes in den Semestern 2013/14 archivgerecht aufgearbeitet worden. Professor und Studenten haben zudem die Chance genutzt, den Bestand seit dem Wintersemester 2014/15 zu sichten, in Teilen zu digitalisieren und auszuwerten und für die Ausstellung zu erschließen. Es war eine Menge Arbeit: Neun Kartons mit Briefen, Zeugnissen, Dokumenten jedweder Art sind in 189 Seiten mit Exceldateien katalogisiert und digitalisiert worden, dazu gibt es eine Box mit Gegenständen wie Fahnen oder Tonbändern.

Die Berliner „Brigade" hat Vitrinen gebaut, Ausstellungsobjekte aus unzähligen einzelnen Archivarien ausgesucht, Texte und einen Katalog erarbeitet, natürlich auf Deutsch und auf Spanisch. Alles wurde schließlich verpackt und per Schiff auf die Reise nach Kuba geschickt.

Ich hatte das Glück, bei der Vorbereitung der Ausstellung etwas helfen zu können, mitzuerleben, wie sich zu dem Mythos Tania la Guerillera die Wirklichkeit einer jungen Frau gesellt hat, die ihr Leben dem Ziel unterordnete, für die Menschen in Lateinamerika eine bessere Welt zu schaffen.

Und so sitze ich Ende August im Bus nach Santa Clara. Die Tickets haben Juan Carlos und ich einige Tage vorher besorgt. Bei meiner Ankunft am Busbahnhof in Villa Clara schaue ich mich nach einem Taxi um, das mich zum Hotel bringt – und zahle schließlich, mal wieder, zu viel.

Das kam so: Als mir klar wird, dass der Fahrer meines Taxis keine offizielle Lizenz hat, ist es schon zu spät. Schlepper hatten mich geschickt eingefangen. Offenbar gibt es am Busbahnhof eine Art gangmäßiger Organisation – die *capos* reißen die Touristen auf, verhandeln die Preise und bringen sie dann zu den Leuten mit den Autos, die dafür ungefähr die Hälfte des Fahrpreises abdrücken müssen. Da sie zumindest keine sichtbare Lizenz haben, können sie ihre Autos nur weiter weg abstellen. Das erlaubt es ihnen, unbedarfte Bürger zu mimen, wenn die Polizei kommt. Ich frage mich, ob die Polizei vor Ort wirklich nichts merkt. Die müssen ihre Pappenheimer doch kennen ...

Villa Clara selbst? Die Hotelanlage Villa La Granjita ist sauber und sehr zu empfehlen, auch wenn sie außerhalb der eigentlichen Stadt liegt und der Pool eher klein gehalten wurde. Aber der Garten ist ein kleines Paradies mit Ziegen, Pferden und Hühnern, die frei herumlaufen. Natürlich gibt es auch Pfaue.

Es ist heiß an diesem 29. August in Santa Clara, am Tag der Ausstellungseröffnung. Um elf Uhr brennt die Sonne schon unerbittlich auf die Scheitel der Menschen. Es stehen viele auf der großen Freitreppe zum Mausoleum und hören zu, wie die Redner und Rednerinnen auf dem Plateau oben immer wieder von der Revolution erzählen, von der großen Bedeutung dieser Ausstellung. Unten auf der Straße treffen die ersten Busse mit Touristen ein. Eine Gruppe wartet schon ungeduldig, dass sie endlich ins Mausoleum gelassen wird.

Zum Festakt anlässlich der Ausstellungseröffnung in der Villa Clara warten die Berliner noch mit einer Sensation auf, von der ich auch erst vor Ort erfahre: Briefe von Che an

Nadja Bunke, die Mutter, die sich ebenfalls im Nachlass befanden.

Die Museumsdirektorin lässt in ihrer Festrede die Ereignisse damals in Bolivien Grande sehr plastisch wiederaufleben, erzählt, als wäre sie dabei gewesen, von dem Tag, als Tamara am Rio Grande erschossen wurde und ihr toter Körper den Fluss hinabtrieb, ebenso ihr Rucksack, in dem das Militär später Musikkassetten fand und einen Metallteller mit einem Einschussloch. Ihre Musik hatte sie auf der Flucht vor den Verfolgern mitgeschleppt, trotz fast 40 Grad Fieber und völliger Erschöpfung.

Elisabeth Dietze, eine Freundin Tamaras aus gemeinsamen Berliner Studienzeiten, tritt ebenfalls ans Mikrofon. Sie lebt in Eisenhüttenstadt und ist heute muntere 84. Sie spricht von einer „Konterrevolution" in der ehemaligen DDR, nach der es schwieriger geworden sei, die Erinnerung an Tamara Bunke wach zu halten. Ich frage mich, was sie mit Konterrevolution meint, und rücke weiter in das bisschen Schatten, das die Büsche bieten, die die große Freitreppe säumen.

Meine Augen wandern zu einem Mann, der inzwischen ebenfalls zu den Helden Kubas gehört: Fernando Gónzalez. Einer der Cuban Five. Er wurde am 27. Februar 2014, noch vor der offiziellen Bekanntgabe des Deals zwischen Präsident Obama und Raúl Castro, aus der US-Haft entlassen und arbeitet inzwischen als Vizepräsident des kubanischen Instituts für Völkerfreundschaft (ICAP). Er steht oben auf der Freitreppe neben den anderen Offiziellen, wirkt bescheiden. So sehen also Helden aus.

Bis heute ist die Person Tamara Bunke übrigens heftig umstritten. Selbst so viele Jahre nach ihrem Tod liefen die Vorbereitungen in Deutschland nicht ohne üble Anfeindungen ab. Das ging hin bis zur Androhung von Gewalt. Es ist

manchen Menschen einfach suspekt, wenn sich die Nach-
welt mit einer erklärten Sozialistin und Kommunistin beschäftigt.

Auch die Zusammenarbeit mit den kubanischen Offiziellen war nicht immer ohne Haken und Ösen, doch schließlich wurden Kompromisse gefunden. Von Tamaras Liebesleben zum Beispiel ist in der Ausstellung im Mausoleum
nicht die Rede, obwohl, auch in Kuba, ständig von einer Lie-
besbeziehung Tamaras mit Che Guevara die Rede ist. Eine
Behauptung, gegen die ihre Mutter jahrelang vor Gericht
gekämpft hat. Dabei hatte sie durchaus ein Liebesleben, nur
keine Beziehung mit Che. Sie war schließlich eine gut aus-
sehende, fröhliche und durchaus auch lebenslustige junge
Frau.

Nachdem der Festakt vorüber ist, geht es ins Haus des
ICAP in Santa Clara. Die kubanischen Gastgeber verziehen
keine Miene, als sie das dort aufgebaute Buffet sehen: In den
Containern mit den Ausstellungsgegenständen war nämlich
auch eine Kostprobe deutschen Essens nach Kuba gereist.
Dazu gibt es Warsteiner und südamerikanische Rhythmen.
Ich esse Würstchen und Erbsensuppe, schnappe mir ein
paar Erdnussflips und Cracker, tanze Salsa (Frau muss ja
ausprobieren, was sie bisher gelernt hat) und bekomme von
einem der Musiker prompt ein Lob für meine Fähigkeiten.
Und ich finde, Suppe, Würstchen, Cracker, Flips und Salsa
sind eine gute Mischung.

Mit Elisabeth Dietze kann ich zudem eine sehr wichtige Frage klären. Überall wird Tamara Bunke als blond beschrieben. Auf den Bildern, die ich von ihr gesehen habe,
war sie asch- und nicht hellblond. Auch nicht als Kind und
Mädchen. Gut, die Bilder sind alle schwarz-weiß. Trotzdem.
Einen hellblonden Schopf kann man auch in Schwarz-Weiß
ausmachen. So war ich dann schon sehr erleichtert, als ih-

re Studienfreundin Elisabeth mir bestätigte, dass Tamaras Haarfarbe „akazienblond" gewesen sei. Darüber hätten sie nämlich auch einmal gesprochen.

Außerdem habe ich auf dieser Reise noch anderes gelernt. Fangen wir mit dem Fernbus der Gesellschaft Viazul an: Diese Busse sind für kubanische Verhältnisse teuer (es gibt auch noch die nationalen Busgesellschaften, zum Beispiel EON) und mit denen in Deutschland durchaus vergleichbar. Bis auf eine Toilette und freien Internetzugang. Noch etwas ist bei den Bussen von Viazul wichtig zu wissen. Sie machen selten Pinkelpausen, und drinnen ist es wegen der auf Vollspeed laufenden Klimaanlage saukalt. Also immer eine Jacke mitnehmen.

Wer in Deutschland Fernbusse nutzt, dem erschließt sich der Ablauf auf dem Fernbusbahnhof von Havanna ziemlich schnell. In Santa Clara allerdings wird es entschieden unübersichtlicher. Der zuständige Herr sitzt in einem Büro mit verschlossener Tür – man muss anklopfen, manchmal ist er da, manchmal nicht – und sehr unflexiblem Gemüt. Ich wäre gerne mit einem früheren Bus zurückgefahren, doch es gelingt mir nicht, ihn davon zu überzeugen, mein Ticket umzuschreiben.

Und was die Toiletten anbetrifft – die sind auf den Busbahnhöfen nicht schlimmer als anderswo auf Kuba.

Ein bayerisches Ehepaar – beim Warten kommt man manchmal mit netten Leuten ins Gespräch – hat mir von Erfahrungen mit kubanischen Zügen berichtet. Übrigens auch von der Überlandfahrt auf einem Lastwagen, ein Abenteuer, auf das sie sehr stolz waren. Es scheint sich unter Touristen, besonders unter jungen, zu einer Art Sport zu entwickeln, sich allen möglichen Unbilden des kubanischen Transportwesens auszusetzen. Die jungen Bayern fanden die Fahrt auf dem Lastwagen ganz angenehm, trotz heftigem

Regenguss. Diese Lastwagen sehen oft wie heruntergekommene Viehtransporter aus, sind aber mit Längsbänken aus Holz ausgestattet, fahren bestimmte Routen ab wie die Sammeltaxis und sind deshalb natürlich auch kubanisch günstig. Besonders komfortable haben eine Verkleidung aus seitlichen Planen, die bei Regen heruntergelassen werden können.

Nach meiner Rückkehr habe ich dann ein Geburtstagsgeschenk bekommen – sozusagen. Denn eigentlich hatte ja meine kleine Enkelin Geburtstag, aber irgendwie fühlte ich mich auch so. In Deutschland kaufe ich nie so wild ein, aber hier ... Und wenn es endlich mal wieder Käse gibt, dazu noch VIER Sorten – Blanco, Gouda, Karibe, Santa Cruz –, dann hilft es nichts. Ich schlage zu. Blanco ist der junge Käse, ich mag ihn gerne, er schmeckt würzig, finde ich. Also gibt es ihn gleich am Abend mit Tomaten und Zwiebeln. Ohne Brot. Ich muss abnehmen. Na ja, ein bisschen wenigstens.

Nach meiner Rückkehr hat Juan Carlos eine weitere gute Nachricht. Weil am letzten Wochenende, dem, an dem ich in Santa Clara war, so viel Regen fiel, wurde der Karneval für die Kinder und Jugendlichen von Havanna um eine Woche verschoben.

September

DER SEPTEMBER WIRD EINIGES an spannenden Erlebnissen bringen, das ist schon gleich zu Anfang klar. Beim Kinderkarneval wird es nicht nur kreativ und verrückt, sondern es geht im September auch um Religion. Was sich meiner Meinung nach gut ergänzt, die Kubaner sind Meister in dieser Mischung. Der 7. ist der Tag der Jungfrau von Regla. Und dann, natürlich: Papst Franziskus kommt. Das lässt selbst die Un- oder Andersgläubigen der Insel nicht unberührt.

„Die Ideen des Kommunismus und des Christentums liegen ja nicht so weit auseinander. Inzwischen herrscht auf Kuba Glaubensfreiheit", sagt Juan Carlos, als wir bei Zwei-Finger-hoch-Wein über das Thema reden. „Das ist sogar in unserer Verfassung verankert. Das war nicht immer so." Nicht immer, was heißt das? „Oh, bis vor einigen Jahren waren offen praktizierende Christen in bestimmten Berufen nicht erwünscht." Bis vor wie vielen Jahren? „So sieben bis acht."

Das ist noch nicht so lange her. Ich muss daran denken, dass es während des Kalten Krieges im demokratischen Westen in den Fünfzigern die Kommunistenhatz der McCarthy-Ära in den USA gab, sowie im selben Jahrzehnt wie auch noch in den Sechzigern in Deutschland Fälle beamteter Lehrer, die aus dem Schuldienst entlassen wurden, weil sie in der kommunistischen Partei gewesen waren. Sie galten als verfassungsfeindlich und durften nicht mehr unterrichten.

Am Karnevalssonntag wache ich leicht fiebrig auf.

Außerdem habe ich Husten und deshalb nicht viel geschlafen. Doch der Weg heute Nachmittag zum Kinderkarneval muss sein. Glücklicherweise habe ich den kubanischen Hustensaft, den mir Ernestina hochgebracht hat. Bereits nach der ersten Dosis ist es nicht mehr ganz so schlimm. Ich bleibe sicherheitshalber am Vormittag im Haus und versuche, irgendwie mit der Schwüle zurechtzukommen, die selbst in meiner winddurchfluteten Loggia hängt.

Am Nachmittag mache ich mich dann rechtzeitig, also viel zu früh, auf den Weg zum Kinderkarneval. Ich will einen guten Platz ergattern, um Fotos vom Umzug machen zu können. Die Straße am Malecón ist für den motorisierten Verkehr gesperrt. Es ist weniger los als gedacht. Mit Santiago nicht zu vergleichen. Am Malecón angekommen, trinke ich erst einmal eine tuKola im Stehen. Auf der weiter vom Ufer entfernten Fahrbahn sind Stände aufgebaut. Piraten, Cowboys, Prinzesssinnen und allerlei andere Kostümierte verkaufen bunten Süßkram und Sachen, die niemand braucht. Zum Beispiel Vuvuzelas. Ich bekomme den Klang dieser Tröten beim Publik-Viewing seit der Fußballweltmeisterschaft in Südafrika ohnehin nicht mehr aus dem Ohr.

Eine Vorhut von schwarz-ledern gekleideten Polizisten auf Motorrädern jenseits des Mittelstreifens sorgt für Stimmung. Unter den Polizisten gibt es nämlich einen Motorradartisten – und der rast dann schon einmal auf dem Sattel stehend, wie Kate Blanchet weiland auf der Titanic, in einem Affenzahn den Malecón entlang. Das Publikum applaudiert.

Ich schaue auf die Uhr. Es ist weit nach 16 Uhr, jede Menge Minuten Verzögerung, niemanden stört's. Der Vizepräsident des Karnevalskomitees von Havanna kommt vorbei, um die siebzig, hager, nicht mein Typ. Ob er mir weiterhelfen könne? Gleich darauf baggert er mich an, was das

Zeug hält. Er ist auf der Suche nach einer liebenden Frau. Ich erkläre ihm in, wie ich finde in ziemlich verständlichem Kubanisch, dass er bei mir an der falschen Adresse ist. Er bringt seine Wünsche trotzdem gleich darauf auch nonverbal zum Ausdruck, nimmt mich bei der Hand und zieht mich hinter sich her in Richtung der Umzugswagen. Als ich nicht anders kann als aufzuschließen, legt er besitzergreifend seinen Arm um mich. Mir wird mulmig. Also erfinde ich spontan Freundinnen, die auf mich warten, mache mich los und drehe ab.

Die Wagen, viele gezogen von hochmodernen roten Traktoren, stehen noch immer aufgereiht wie an einer Perlenschnur in Warteposition. Ich kann sie in der Ferne sehen. Sie sind kunstvoll konzipiert, hochgetürmt, geschmückt und geschnörkelt, angefüllt mit Kindern.

Die Fahrgäste sind indessen schon voll in Fahrt. Auf einem der Wagen tanzen und bewegen sich die kleinen und größeren Passagiere derart heftig und dazu noch im selben Takt, dass er wippt und sich weit durchbiegt. Viel Schwung, viel Rhythmus, viel Rumba und Trompeten. Das alles mindestens in der Lautstärke von 200 Dezibel. Über normal.

Am Himmel über der nahen Altstadt türmen sich schon wieder Gewitterwolken. Doch ein zweites Mal lassen sich Eltern und Kinder nicht davon abhalten zu feiern. Die Geräuschkulisse aus Stimmen, Kinderjuchzen, Tröten, Musik aus der Konserve, Leuten, die in ihre Mikrofone brüllen, scheint sogar das Gewitter einzuschüchtern, es bleibt vorerst trocken. Dann kommen die Wagen. Und es wird noch lauter.

Gegen 19 Uhr tröpfelt es dann doch. Kurz darauf ist die Straße am Malecón wie leergefegt. Die meisten Kubaner sind wie Katzen. Sie mögen keinen Regen. Bald danach dürfen die Autos wieder fahren.

Ach ja, der Verkehr: Ich habe jetzt nach vielen vergeblichen Versuchen endlich die Routenpläne für die *P-guaguas*, die öffentlichen Busse mit dem P vor der Zahl, auf meinem USB-Stick. Bezüglich der Abfahrtszeiten bleibt es dabei: Kommt, kommt nicht, kommt. Das war die gute Nachricht. Die schlechte erzählt mir Juan Carlos am nächsten Morgen. Die Routenpläne sind kürzlich geändert worden. Nun muss ich herausfinden, ob die auf meinem Stick noch aktuell sind oder nicht. Eines ist und bleibt aber so, der Bus 222 (ohne P vor der Zahl) bringt mich in die Altstadt.

Außerdem habe ich noch mehr gelernt, und zwar von Marcel, einem jungen Deutschen, der an der Uni Havanna studiert. Ich habe ihn in Santa Clara beim Museumsprojekt kennengelernt. Er betreibt mehrere Blogs, unter anderem einen, von dem ich bereits viel profitiert habe: Cuba heute. Und er bestückt einen weiteren zu Tamara Bunke. Marcel kennt sich bezüglich Internetmodalitäten hervorragend aus. Er weiß auch, wo es die *tarjetas* zum Einloggen auf der offiziellen ETECSA-Seite gibt, über die ich am Hotspot Rampa ins Netz komme. Für zwei CUC die Stunde.

Ich habe natürlich eine Karte in der Hoffnung erstanden, künftig viel Geld sparen zu können, wahrscheinlich nur halb legal bei einem der Händler, die an der Rampa stehen. Da kostet sie drei CUC. Dafür bleibt mir das lästige Schlangestehen an den offiziellen Verkaufsstellen erspart. Es gibt viele solcher Händler. Also sind die *tarjetas* auch schnell ausverkauft, was die Geschäfte der Händler natürlich befördert. Wieder mal ein Beispiel dafür, dass der Sinn fürs Geldverdienen auf Kuba längst gut ausgeprägt ist.

Also los, die Karte ausprobiert. Bis auf die ETECSA-Seite komme ich auch, ich gebe meinen Usernamen und das Passwort ein, das auf der Karte steht, und es passiert – nichts. Die Seite, die ich aufrufen will, ist angeblich nicht verfügbar. Ein weiterer Versuch an einer anderen Stelle der Rampa, nämlich im Café Sofia, scheitert ebenfalls. Das Problem hatte Marcel am selben Ort gestern schon, wie er erzählt. Allerdings verfügt er über größere Geduldsreserven als ich, und kommt schließlich ins Netz. Geht, geht nicht für drei CUC ist nicht so mein Ding. Ich bleibe also „meinem Büro" im Habana Libre treu, auch wenn ich dort viel mehr für die Stunde löhnen muss.

Schnell gegangen ist es allerdings mit der Verbindung Ernestina–Marcel. Sie ist hellauf begeistert von ihm, als er mich zum ersten Mal besucht, „obwohl er zu jung für mich ist" (O-Ton Ernestina). Sie ist wild entschlossen, ihn unter ihre Fittiche zu nehmen. Dauernd erzählt sie von der Nachbarin, die doch eine so tolle Wohnung zu vermieten hat und das auch noch sehr günstig. Ich habe Ernestina vorsorglich erklärt, dass Marcel eine Freundin hat. Zumal sie gestern Abend gleich entschieden hat, sie werde mir beim Kochen helfen, wenn er wiederkommt. Er ist auch schon zum Geburtstag von Juan Carlos im Oktober eingeladen.

Dabei habe ich nur die harmlose Bemerkung gemacht, ich könnte doch mal, ganz zwanglos, deutsches Essen servieren. Falls Marcel Kartoffeln mitbringt: Fisch und Kartoffelsalat. Ich gelte daheim in Deutschland bei Freunden und Familie schließlich als die Königin der Kartoffelsalatköchinnen. Marcel stammt aus der Bodenseeregion und liebt schwäbischen Kartoffelsalat ebenso wie ich.

Ich hatte meine liebe Mühe, Ernestina zu erklären, was deutsche Studenten unter einer zwanglosen Zusammenkunft verstehen. Jedenfalls keine Kochorgie mit Riesenaufwand. Sie ist vollends entsetzt, als ich ihr – mehr aus Spaß – mitteile, dass es an diesem Abend bloß Wasser zu trinken geben wird. Saft, wenigstens, müsste ich servieren, befand sie. Marcel ist wegen der Kartoffeln zuversichtlich.

Drei Tage später bekomme ich Überraschungsbesuch von der gesamten Truppe des Projekts Tamara Bunke. Marcel hat zudem die Kartoffeln für unser gemeinsames Bodensee-Heimweh-Essen dabei. Mir scheint, es studieren so einige junge Deutsche hier in Havanna. Eine junge Frau aus Fulda ist gleich auf meinem Sofa eingeschlafen – sie ist erst gestern auf Kuba gelandet. Eine andere kommt aus Münster und wirkt ebenfalls müde.

Doch da ich nun schon mal das *tarjeta* habe und ungern aufgebe, marschiere ich am Abend danach noch einmal ins Café Sofia und versuche erneut, ins Netz zu kommen. Wieder vergeblich. Ich bestelle mir dazu ein Bucanero-Bier. Das mag ich lieber als Cristal. Ich bekomme keines. Sie haben nur Cristal. Schließlich lasse ich das Internet Internet sein.

Ich kann mich ohnehin kaum auf mein Vorhaben konzentrieren, es gibt einfach zu viel zu beobachten. Unzählige Jugendliche strömen über die Rampa ans Meer. Klar, es ist Wochenende. Sehen und gesehen werden, sich drehen und wenden, in eine günstige Ausgangsposition bringen auf der Ausschau nach einem passenden Partner, so tun, als täte man es nicht ... Die lauen Nächte von Havanna sind dafür bestens geeignet, dazu das Meeresrauschen und Salsa als Begleitmusik. Romantik pur.

Tags darauf heißt es für mich dann: Besuch bei „Kunst an der Rampa" im kubanischen Pavillon. Dahinter verbirgt sich ein Kunst- und Handwerkermarkt, wie es ihn auch bei uns mit schöner Regelmäßigkeit gibt. Auf Kuba geht es nur lauter zu. Die Musik dröhnt, der Kinderanimator bellt ins Mikrofon und fordert Eltern samt Kinder auf, sich wie irgendein Tier zu benehmen – und so gehen sie dann in die Knie oder gleich auf alle Viere, muhen, gackern, miauen. Die schauspielernden Eltern sehen dabei sehr viel weniger glücklich aus als die Kinder – und die Zuschauer natürlich, die sich vor Lachen biegen oder auf die Schenkel klatschen, weil es wirklich sehr albern aussieht. Tja, auch die Schadenfreude scheint eine kulturübergreifende Eigenschaft zu sein. Warum manche Menschen das trotzdem machen? Vielleicht deshalb: Es gibt einen Preis. Einen kleinen. Vielleicht aber einfach auch nur, um den Kindern eine Freude zu bereiten. Das trifft meiner Beobachtung nach aber mehr auf die Männer, weniger auf die Frauen zu.

Und weil wir bei den Frauen sind: Auf Kuba hat die Jungfrau Maria viele Schwestern. Am 7. September ist der Tag der Jungfrau von Regla, das sagte ich ja schon. Aus diesem Anlass gibt es eine Prozession von der nahen Kirche von Carmen aus die Infanta hinunter, den Malecón entlang bis in das Haus, in dem auch das Organisationskomitee des Karnevals von Havanna sein Büro hat. In der großen Halle dort soll es zudem eine Messe geben. Ich will dabei sein.

Die Prozession findet wie angekündigt statt. Die Anzahl der Gläubigen, die mitgehen, ist ziemlich übersichtlich, vielleicht ein Dutzend Menschen, Männer und Frauen. Einer trägt ein Plakat mit dem Konterfei des Papstes. Ich schließe mich ihnen an. Mal sehen, wie eine Messe in einem kommunistischen Land so abläuft. Es stoßen zwar noch einige Nachbarn dazu, die Gläubigen verlieren sich dennoch fast in der riesigen Halle. Aber sie nutzen die Gelegenheit, um auch aus diesem Anlass wieder eine Werbeaktion für den Besuch von Papst Franziskus in Havanna und seine Messe auf dem Platz der Revolution zu machen. Ein Besucher, vermutlich so etwas wie der Pfarrgemeinderat, drückt mir einen Flyer in die Hand. Darauf wird erklärt, was ein Papst eigentlich ist und weshalb Christen überhaupt einen Papst brauchen. Dazu gibt es einen *papa*-Sticker.

Ansonsten: Es ist und bleibt unglaublich heiß. Selbst die sonnenverwöhnten Kubaner stöhnen wegen der Hitze. Gestern wurden im Bereich der Casas Blanca am Meer 38,5 Grad gemessen, das war der heißeste Tag seit 2008, hieß es in den abendlichen Fernsehnachrichten, den „Noticias". Die Hitze wäre noch nicht einmal so sehr das Problem, es ist die hohe Luftfeuchtigkeit. Den ganzen Tag fühle ich mich, als säße ich in der Sauna. Auch wenn ich mir noch so fest vornehme, mich nicht hängen zu lassen, wünsche ich mir derzeit nur, dass der Tag vorübergeht und die Nacht anbricht, damit es etwas kühler wird. Es wird aber nicht kühler, nicht das kleinste Lüftchen. Selbst der Wind, der sonst relativ zuverlässig vom Meer her weht, hat das Atmen vergessen.

Raoúls neue Freundin ist mal wieder da. Sie ist nicht nur wunderschön, sondern auch intelligent. Genau deswegen haben Ernestina und Juan Carlos Bedenken. Die Männer „umschwärmen mich wie Motten das Licht", sang Zarah Leander einst im Lied „Kann denn Liebe Sünde sein". Und genauso scheint es bei Raoúls Mariposa zu sein. Sie könne nichts dafür, sagt Juan Carlos und runzelt sorgenvoll die Stirn. Doch, sie bemühe sich wirklich, seinem Stiefsohn eine gute Freundin zu sein. Das Aber bleibt ungesagt.

Dass sie sich bemüht, kann ich ebenfalls sehen, wenn die beiden zusammen sind. Ihre Augen strahlen glücklich, wenn sie ihn ansieht. Immer wieder berührt sie ihn, manchmal wie unabsichtlich. Ihre Hände können nicht anders. Aber Juan Carlos und Ernestina haben Angst, dass Raoúl am Ende leidet, hätten gerne die frühere Freundin zurück. Raoúl wird nämlich schnell eifersüchtig.

Ich lasse Liebe Liebe sein und mache mich mal wieder auf den Weg. Ich will die Rampa näher erkunden. Bekannt geworden ist die Straße mit der Nummer 23 als die Vergnügungsmeile des Stadtteils Vedado. Doch entlang dieser Straße, die ab dem Malecón die Straßen von O bis A kreuzt, ist viel mehr zu sehen als Vergnügungsstätten. Zumindest, wenn man sich die Zeit nimmt, sie in Richtung Paseo entlangzugehen. Ja, genau jener Paseo, dessen Fahrbahnen ab der Kreuzung mit der Rampa links und rechts eines Parks auf den Platz der Revolution zuführen.

Falls Sie am Paseo nicht abbiegen, sondern geradeaus weitergehen, gelangen Sie an den Friedhof Necrópolis de Colón oder auch Cementerio de Cristóbal Colón, ein besuchenswerter und vergleichsweise stiller Ort in dieser umtriebigen Stadt. 56 Hektar groß, eine Million Bestattungen, über 53 000 Familiengrabstätten. Unter jenen, die dort liegen, befinden sich dreimal mehr Arme als Reiche. Trotzdem belegen die Grabstätten der Wohlhabenden 98 Prozent der Gesamtfläche, laut Wikipedia jedenfalls. Die alten Grabmäler, die Engel, der weiße, in der Sonne gleißende Marmor, die Bilder der Verstorbenen auf den Grabsteinen erzählen viel über Kubas Menschen, ihre Geschichte und ihr Leben.

Hier ist auch eine besondere Frau begraben, Amelia Goyri, besser bekannt als La Milagrosa, die Wundertätige. Die Kubaner pilgern zu ihr, sie gilt als Beschützerin der kranken Kinder sowie der unfruchtbaren und leidenden Mütter: Amelia starb an den Folgen einer Totgeburt. Jahre später wurde ihr Grab geöffnet. Ihr Leichnam war angeblich nicht verwest. Und das Kind, das zu ihren Füßen bestattet worden war, lag im linken Arm der Mutter. Übrigens: Es war eine 55-jährige afrikanische Sklavin namens Maria Balido, die im November 1868 als Erste auf dem neuen Friedhofsareal beerdigt worden ist, schon vor der offiziellen Eröffnung.

Soweit zum Friedhof. Bis dahin, entlang der Rampa, passiert man schattige *paladares* mit Tischen unter alten

Bäumen oder in einer alten Kolonialvilla. Viele dieser Villen sind sorgsam saniert und beherbergen staatliche Institutionen. An der Rampa kann man teilweise schon sehen, was aus dem Sanierungsprojekt Malecón einmal werden wird. Es lohnt sich, die alten Häuser genauer zu betrachten, auch jene, deren Renovierung noch aussteht. Und man begegnet dort berühmten Männern, zum Beispiel einem meiner Helden aus der Literatur. Don Quijote de la Mancha stürmt auf einer gar nicht klapprigen Rosinante seinem Kampf mit den Windmühlenflügeln entgegen. Das Denkmal steht auf der linken Straßenseite gleich nach der großen Busstation gegenüber dem Eispalast von Coppelia.

Die Bänke auf dem großzügig angelegten Mittelstreifen der Avenida de Los Presidentes bieten sich an für eine Rast.

Auf dem weiteren Weg die Rampa entlang lohnt es sich zudem, am hohen schmiedeeisernen Tor der Contraloria General de la Republica de Cuba zu verweilen. Durch das Tor sieht man ein herrliches Gelände vor einer alten, sanierten Villa mit einem in der Sonne glänzenden grünen Dach. Dort sprüht einer der wenigen in Havanna noch funktionierenden Springbrunnen. Allerdings pfeift morgens ein wenig der Wind durch, meint die ziemlich freundlich Wachdame, als ich zu neugierig werde und mich zu weit vorwage. Kein Zutritt.

Manchmal, wenn ich nicht gerade die Gegend erkunde, mache ich Besuche. Zum Beispiel bei Kollegen. Im September geht es ins Museum zu Herrn Hemingway nach San Francisco de Paula. Mein *taxista* heißt Didiet und fährt einen orangefarbenen 56er Chevrolet. Mit Klimaanlage.

Als wir ankommen, denke ich sofort darüber nach, ob ich nicht doch den Pulitzer-Preis gewinnen sollte. Nicht des Ruhmes, sondern des schnöden Mammons wegen. Denn dann könnte ich mir wie Hemingway eine *finca* auf Kuba kaufen. Diese ist eindrucksvoll, hell, licht- und schatten-durchflutet, großzügig geschnitten, zwei Schlafzimmer, Büro, Esszimmer, Wohnzimmer, kleines Bad, Büro im Turm, rund 9000 Bücher. Gut, die toten Tiere an den Wänden, die Trophäen von Hemingways Afrika-Safaris müssen nicht sein. Ich könnte ja anderes an die Wand hängen. Doch auf so schattigen Wegen wandeln, mal kurz in den ziemlich großen Pool springen, damit die Ideen wieder sprudeln, oder auf der eigenen Yacht aufs Meer hinausfahren, doch, das könnte ich mir gut vorstellen. Bei Hemingway steht das Boot, die „Pilar" jetzt allerdings im Garten neben den Gräbern seiner vier Hunde und liegt nicht mehr im Hafen von Cojimar.

Das Leben schlägt schon seltsame Kapriolen, denke ich, während ich die Gegend um die *finca* herum erkunde. Hemingway war, neben Astrid Lindgren, Erich Kästner, Truman Capote, Dostojewski und, natürlich, Karl May, James F. Cooper und Jack London, eine meiner ersten eindrücklichen Begegnungen mit der Welt der Literatur. Ich stelle ihn mir vor auf seiner Yacht, mit Freunden vielleicht, oder auch einsam. In der Wertschätzung der Kubaner liegt Hemingway nicht weit hinter José Martí – und das, obwohl er sich ziemlich schnell nach der Revolution aus Kuba zurückgezogen hat. Warum hat er sich erschossen? Eine spontane Aktion? Ein Unfall? Ganz sicher weiß man das bis heute nicht. Weder der Pulitzer-Preis noch die Yacht noch diese wunderbare *finca* mit dem Turm, dem Schreibtisch und der winzigen Reiseschreibmaschine scheinen ihn langfristig glücklich gemacht zu haben.

Apropos Schreibmaschine. Hemingway war meines Wissens ein großer Mann, einer mit großen Händen. Beim Anblick der kleinen Reiseschreibmaschine frage ich mich, wie er es geschafft hat, mit seinen Fingern die Tasten zu treffen.

Hat er aber. Er hat auf Kuba immerhin vier Bücher geschrieben, unter anderem den Roman „Der alte Mann und das Meer", für den er 1953 besagten Pulitzer-Preis bekam.

Am Tag danach nehme ich endgültig Abstand vom Gewinn des Pulitzer-Preises und dem Kauf einer *finca* mit schattigen Wegen. Während ich an meinem Tisch auf der Veranda sitze und schreibe, juckt es mich überall. In den alten Bäumen, Mangos, Avocados und andere Gewächse, hausen kubanische Ameisen. Und die hatten beschlossen, sich bei meinem Wandeln auf Hemingways Spuren einfach auf mich fallen zu lassen. Dazu haben sich dann noch Moskitos gesellt.

Die Ameisen auf Kuba sind besonders fies, winzig, kaum auszumachen, auch nicht, wenn sie zubeißen; es juckt erst lange danach. Ähnlich wie die Moskitos, die noch nicht einmal den Anstand haben, zu surren, damit man sie kommen hört. Natürlich, ich hatte mich mit Antiinsektenmittel eingerieben. Großzügig. Das war den Insekten völlig egal.

Ob die Hemingways auch schon Antiinsektenspray hatten? Oder nur den Alkohol? Ich habe das natürlich ebenfalls ausprobiert, wie es sich gehört, und mir einen Cocktail aus frischem Zuckerrohrsaft mit Zitrone und tüchtig Rum genehmigt. Es juckte auch noch nach dem Trinken. Ergo: Ich brauche den Pulitzer-Preis nicht mehr. Ich werde mir keine *finca* kaufen. Obwohl, wenn sich was gegen die Moskitos und die Ameisen finden ließe ...

Apropos Schriftstellerpracht: Wenn man den Stellenwert der sogenannten schönen Künste auf Kuba an den Prachtbauten misst, in denen die verschiedenen Sektionen der Vereinigung der Künstler residieren, dann ist er hoch. Nicht einer, sondern gleich zwei, sorgsam restauriert an der 17. Straße. Alex Pausides, Vizepräsident der Vereinigung der Schriftsteller in der Unión Nacional de Escritores y Artistas de Cuba (UNEAC), der mich bei meinem spontan ausgeheckten Besuch in Empfang nimmt, scheint ein sympathischer Mann zu sein, grauer Strubbelschopf, intelligente dunkelbraune Augen. Ebenso wie seine Sekretärin Tania. Türöffner und hilfreicher Übersetzer an meiner Seite war Maikel Veloz vom ICAP.

Wie auch immer, mein kubanischer Kollege steht meinem Anliegen sehr offen und positiv gegenüber, und das lautet schlicht: Wäre es nicht eine gute Idee, wenn die beiden Verbände, der kubanische und der deutsche, sich in diesen Zeiten des Wandels mehr als bisher austauschen würden?

Alex findet das ebenfalls. Die Kubaner haben sogar ein Buch mit Beiträgen deutscher Autoren vorzuweisen – finanziert vom Goethe-Institut: „Geschichten gegen den Krieg". Allerdings braucht Alex zwecks Einleitung weiterer Aktivitäten eine offizielle Absichtserklärung meines Verbandes, um diese wem auch immer vorzulegen. Jetzt bin ich mal gespannt, was die Kollegen in Deutschland dazu meinen.

Es bleibt heiß, ich schwitze schneller, als ich trinken kann. Bald darauf heißt es wieder einmal: Touristenkarte verlängern in der *Oficina de Inmigración*. Beim ersten Mal waren wir alle miteinander noch etwas unsicher. Ich bin nämlich die erste Touristin im Haus von Ernestina und Juan Carlos, die so lange am Stück bleibt. Und so wurden vor unserem ersten Behördenbesuch die Nachbarn und auch sonst alle Leute kontaktiert, die wissen könnten, wie es geht. Als die erste Verlängerung anstand, bin ich einfach kurzerhand für drei Tage nach Nassau auf den Bahamas geflogen. Nach weiteren zwei Monaten ging es dann für zwei Wochen wieder außer Landes, nämlich nach Deutschland. Dort türmten sich Behördenbriefe. Insofern hatte das auch sein Gutes. Und der lange Flug machte mir inzwischen nichts mehr aus. Doch anschließend beginnt die Verlängerungsaktion von vorne. Juan Carlos erklärt, er werde einen Brief schreiben. Falls ich gefragt würde, warum ich länger bleiben will, solle ich sagen, Kuba sei toll, gefalle mir so gut, dass ich mehr über die Revolution, die Kultur und anderes lernen wolle. Was ja schließlich stimmt. Aber danach solle ich meinen Mund halten. Den Rest der Unterhaltung werde er übernehmen – was mir bei meinen mageren Spanischkenntnissen gut zupasskommt. Ich bin Juan Carlos überhaupt sehr dankbar, dass er mitgeht. Und auch Ernestina ist dabei – gestylt mit Pumps und Ohrringen. Sie kennt nämlich eine der Damen von der *Oficina de Inmigración*.

Bevor wir losziehen fragt mich Juan Carlos gefühlte hundert Mal, ob ich auch alles dabei habe, was ich für die Verlängerung benötige. „Natürlich!", behaupte ich. Doch als wir schon sitzen und warten, wird mir siedend heiß. Ich hatte die Briefmarken für 25 CUC vergessen! Hatte völlig verdrängt, dass man welche braucht, um die Mühen der Staatsangestellten zu entlohnen. Dass hohe Luftfeuchtigkeit gut für die Haut ist und auch die Haare aufplustert, mag ja sein. Für mein Denkvermögen ist sie nicht gut. Deshalb muss der arme Juan Carlos mich dann noch zur Bank fahren, die diese Briefmarken verkauft, während Ernestina den Platz in der Schlange hält. Am Ende läuft es darauf hinaus, dass mir keine einzige Frage gestellt wird.

Dafür habe ich wieder dazugelernt. Im real existierenden kubanischen Sozialismus sind alle gleich. Sogar noch gleicher als gleich, es gibt noch nicht einmal Nummern für die Wartenden wie bei manchen Banken. Jeder brüllt bei der Ankunft die Frage in den Raum, wer gerade der Letzte oder die Letzte in der Reihe der Wartenden ist. Aber bitte dazu sagen, in welcher Angelegenheit, denn so eine *Oficina de Inmigración* hat viele Aufgaben und Türen. Sie stellt zum Beispiel auch Ausweise für Kubaner aus.

Nur zwei Tage später ist er dann auf der Insel, der Mann aus Lateinamerika, der derzeit auf dem Heiligen Stuhl sitzt. Die Kubaner müssten inzwischen gut informiert sein, denn seit Wochen wird auf allen Kanälen über den bevorstehenden Besuch berichtet. Willkommensbotschaften hängen in den Fenstern vieler Geschäfte. Und nun sind die Straßen an diesem Abend wie leergefegt, selbst der ungläubige Juan Carlos klebt am Bildschirm, als die Ankunft von Papst Franziskus live im Fernsehen übertragen wird. *El papa* und die Hoffnung, die er verkörpert, lassen selbst in diesem kommunistischen Land niemanden kalt. So hören die Kubaner jedes Wort der Empfangsrede des amtierenden Präsidenten Raúl Castro Ruz am Flughafen. Sie ist lang, verbunden mit einer Geschichtsstunde zur Vergangenheit, zur Revolution und der Freiheit des Glaubens im sozialistischen Kuba. Als ob der argentinische Papst diese Geschichte nicht kennen würde. Er war es schließlich, der das kleine Kuba mit seiner öffentlichen Fürsprache wieder auf die Landkarte der offiziellen amerikanischen Politik brachte.

Aber *el papa* hört geduldig zu, und ich denke bei mir: Papst sein möchte ich lieber nicht. Ich hätte nicht diese Geduld. Da sitzt er nun, macht ein nettes Gesicht, während er unter seinen weißen Gewändern wahrscheinlich halb zerläuft. Es ist, wie gesagt, heiß und schwül. Er bedankt sich bei allen, die die Reise vorbereitet haben, bittet Raúl, seinen Bruder Fidel zu grüßen, bezeichnet sich gegenüber seinen „Brüdern und Schwestern" als Sohn der Schutzpatronin Kubas, der Jungfrau von Cobre. Sein Gesichtsausdruck bleibt wohlwollend, als die Würdenträger der Kirche und die Amtsträger der Politik an ihm vorbeidefilieren. Er selbst spricht übrigens kaum fünf Minuten.

Dann geht es mit dem Papamobil die dicht von Menschen gesäumten Straßen entlang bis zur Nuntiatur in der

10. Straße in Miramar. Auch das wird live übertragen. Da kann er dann vielleicht ein bisschen schlafen und eine kalte Dusche genießen, hoffe ich für ihn. Auch Päpste sind schließlich Menschen. Andererseits ist er auch Südamerikaner und kommunikativ geschult durch seine Kultur. Ich vermute, der Umstand, dass es kein Privatleben und kaum Zeit für Kontemplation und Stille auf diesen Reisen gibt, macht ihm nicht so viel aus wie einem eher Ruhe suchenden Mitteleuropäer, wie Ratzinger einer war.

Spätestens beim Schauen der Abendnachrichten wird mir klar, es war nichts mit einer Ruhepause für den armen Mann. Er hatte diverse Besucher. Unter ihnen eine junge Frau, eine sehr hübsche junge Frau. Sie ist ihm spontan um den Hals gefallen. Die Reaktion des Papstes fand ich toll. Er hat sie nicht weggestoßen, sondern ebenfalls umarmt. Freundlich und väterlich. Auch seine Sicherheitsleute haben nicht eingegriffen. Franziskus muss für seine Security-Begleiter ein wahrer Alptraum sein. Er mischt ich unters Volk, lässt die Menschen und ihre Leben an sich heran. Dieser Mann beeindruckt mich immer mehr.

Tags darauf, während *el papa* beschäftigt war, habe ich beschlossen, die Hitze zu ignorieren, die in den überfüllten *guaguas* besonders bemerkbar ist, und bin Bus gefahren – P4 bis zum Parque Fraternidad. Dann ein Spaziergang vorbei am eingerüsteten Capitolio, ein Frühstück mit Käseomelette samt Milchkaffee im Hotel Inglaterra und sodann, frisch gestärkt, weiter zu Fuß auf dem Prado (Av. Simón Bolívar) bis zum Malecón und am Meer entlang heim. Beim Warten an der Haltestelle hat mir ein netter junger Mann erklärt, dass mich der Bus 195 durch den Tunnel ins östliche Havanna bringt. Das ist mein nächstes Ziel.

Am 20. September habe ich den Papst dann sogar leibhaftig getroffen. Also gut, nur von hinten und durch den

Sucher meiner Digitalkamera. Doch immerhin. Und ich habe spontan beschlossen: Eine Frau braucht vielleicht kein Pferd und kein Boot, sollte im Leben aber einen Sohn haben UND eine Tochter, ein Haus bauen, ein Buch schreiben und einmal im Leben den Papst gesehen haben. Nun muss ich nicht mehr nach Rom, um eine Messe auf dem Petersplatz mitzuerleben. Aber ich könnte.

Um zum Gottesdienst zu kommen, bin ich übrigens in aller Herrgottsfrühe aufgebrochen und zu Fuß zum Platz der Revolution gepilgert. Zusammen mit Juan Carlos. Was im Vorfeld heftigste Rektionen bei Ernestina ausgelöst hat. Sie machte sich wegen des Fußmarsches bei der Hitze große Sorgen. Juan Carlos ist so alt wie der Papst, und es ging um eine Strecke von ungefähr drei Kilometern. Ernestinas Sorgen um das Herz ihres Ehemannes waren derart groß, dass sie alle Register zog – Protest, lauthals, Krankheitserscheinungen, offen zur Schau getragene Muffeligkeit, der Versuch, mich dazu zu bringen, Juan Carlos davon abzuhalten, mich zu begleiten.

Doch Juan Carlos ließ sich nicht davon abbringen. Wir sind prima vorangekommen, es gab keinerlei Probleme. Und er war so glücklich, dass er mir am selben Nachmittag noch einen Ventilator in der Küche installierte. Was mich, das muss ich zugeben, fast so sehr mit Freude erfüllt wie der gelungene Besuch beim Papst. Ihm hat es auch gefallen auf dem Platz der Revolution. Wenn da nicht die Elemente einer katholischen Messe gewesen wären, hätte es ein Fest sein können. Was der Papst gepredigt hat? Nichts eigentlich Überraschendes. Zusammengefasst: Liebe deinen Nächsten. Und dich selbst. Davon, dass man die andere Wange hinhalten soll, hat er nichts gesagt. Und dennoch, aufgrund der Art, wie er auftritt, angesichts der Veränderungen, die schon nach der kurzen Zeit seines Pontifikates sichtbar werden, empfinde ich ihn als den Papst, der die Essenz der Bergpredigt besser verkörpert als mancher seiner Vorgänger.

Auch die nächsten Tage geht das Programm für *el papa* weiter. Ich kann mir das alles bequem im Fernsehen anschauen. Ich weiß wirklich nicht, wann dieser Papst schläft. Am 20. September abends hält er in der eigens dafür umgebauten Kathedrale von Althavanna einen weiteren Gottesdienst für geladene Gäste, der live im Fernsehen übertragen wird. Und nach einer Stippvisite in Santiago de Cuba erlebe ich ihn via TV schon wieder in Holguín, der Heimat der Jungfrau von Cobre, der Schutzpatronin Kubas. Dort geht es für ihn weiter mit Kinderchören und einer Messe in der Kathedrale.

Immer wieder auf seinem Weg werden ihm Babys entgegengestreckt. Dann lächelt er. Es scheint, als befasse er sich gerne mit Kindern, in diesen Momenten wirkt er frisch, aufmerksam. Am Ende seines Kubabesuchs steht für ihn zudem noch eine Reise in die Vereinigten Staaten an, auch da wird er sich nicht erholen können.

Die Insel hat übrigens außer dem päpstlichen noch jede Menge Schutz durch Nationalsymbole: In der Pflanzenwelt sind das die Königspalme und eine Blume namens Mariposa, die weiße Schmetterlingsblume oder auch Hedychium coronarium. Eigentlich gehört die stark duftende Pflanze mit dem weißen Blütenstand nicht zu den tausenden von endemischen Pflanzen, die auf Kuba existieren. Sie stammt von den Inseln Mikronesiens. Dennoch hat sie eine ganz besondere Bedeutung für die Kubaner. Während der Unabhängigkeitskriege gegen Spanien haben die Frauen sie sich als geheimes Erkennungszeichen in die Haare gesteckt. Und so wurde die Mariposa zur kubanischen Nationalblume. In Brautsträußen oder in Grabbouquets ist sie bis heute oft zu finden. Die Flora Kubas hat übrigens alleine mehr als 6500 Samenpflanzen zu bieten, davon fast die Hälfte endemisch. Die meisten davon finden sich in der Region um Moa im Norden von Holguín.

Und was die Tierwelt anbetrifft: Inzwischen sind 42 verschiedene Säugetierarten bekannt, rund 121 Reptilienarten, 46 Amphibienarten, 350 verschiedene Arten von Vögeln sowie rund 7500 Arten von Insekten. Der Nationalvogel heißt Tocororo. Er kam wegen seines blau-rot-weißen Gefieders, den Farben der kubanischen Flagge, zu dieser Ehre und ist eine der 25 endemischen Vogelarten, die sich auf Kuba finden. Auf Kuba lebt auch der weltkleinste Kolibri, auch Kubaelfe oder Bienenelfe genannt, mit einem Gewicht von rund 1,6 Gramm und einer Länge von fünf Zentimetern. Ich habe ihn bei meinem Besuch bei der *finca* Hemingways gesehen. Und auf der Insel leben der weltweit kleinste Frosch sowie eine Schmetterlingsfledermaus, die zu den kleinsten ihrer Art gehört.

Große Tiere, die auf Kuba vorkommen, sind das Kubakrokodil, eine sehr alte primitive Art, und die Manatis (Seekühe). Es gibt keine Giftschlangen, sondern nur ungefährliche Riesenschlangen sowie harmlose Nattern. Die wirklich giftigen an Land lebenden Tiere sind einzig die Skorpione, aber auch einige schwirrende und stechende Insekten. Bei Kröten kann das Hautsekret in offenen Wunden Probleme verursachen.

Mit Ausnahme von Moskitos und gelegentlichen Sandflöhen ist die Tier- und Pflanzenwelt allerdings am Menschen nicht interessiert: Krokodile sind nur noch in einigen Reservaten und in Zuchtstationen auf der Halbinsel Zapata anzutreffen.

Im Meer sieht es hingegen anders aus, vor allem in den Riffen mit den giftigen Korallen sowie den entsprechenden Fischen, auch die Quallen sind giftig. Die Population von Haien gilt allerdings als nicht sonderlich aggressiv, Tauchern wird im Allgemeinen nicht mehr als die übliche Vorsicht maritimen Kreaturen gegenüber empfohlen.

Oktober

MEINE LIEGE, MEIN HANDTUCH, MEIN RUCKSACK, mein Palmwedel-Sonnenschirm, mein Abfalleimer, meine Sandkiste, mein Meer – ich kann unmöglich aus Kuba zurückkehren und nicht an einem der Strände im Osten, den Playas del Este gewesen sein. Didiet bringt mich mit seinem Taxi nach Santa María del Mar. Dort soll es gepflegt und sauber sein.

An diesem „normalen" Wochentag außerhalb der Ferien ist es fast menschenleer, bis auf eine größere Familie samt Freunden und ein Pärchen. Niemand baut Sandburgen. Das Pärchen hat sich offenbar schon vor meinem Eintreffen dafür entschieden, den Tag eng umschlungen im Wasser zu verbringen. Das ist badewannenwarm, kaum wellenbewegt, nicht allzu salzig und wirklich so glasklar und azurblau, wie man sich die Karibik vorstellt. Nur dass wir hier nicht auf der karibischen, sondern auf der Amerika zugewandten Seite von Kuba sind. Der Ozean schwappt vor dieser riesigen Sandkiste träge vor sich hin, als ich eintreffe, trotz der Gewitterstimmung. Der Himmel ist im Osten bedeckt, die dunklen Wolkenwände nähern sich unaufhörlich. Sagte ich schon, dass ich Wetter mag? Gerade, als ich beginne, mich nach gefühlten hundert Badegängen und drei längeren Fußmärschen zu langweilen, kommen der Donner und der Regen. Ich stelle mich unter meinen Palmwedelschirm und finde es toll.

Didiet kreuzt auf. Er hat mich mit seiner orangefarbenen 56er Corvette samt Klimaanlage hergebracht und macht sich Sorgen, was ich sehr nett finde. Wenn ich ihn richtig verstehe, kam er gerade auf dem Weg nach Havanna vorbei und will nachschauen, ob mir der Regen was ausmacht, ob er mich womöglich früher abholen soll. Zu diesem Zeitpunkt tröpfelt es erst. Ich bleibe. Als Didiet weg ist, fängt es richtig an zu prasseln. Ich finde es immer noch toll. Ich bin wohl keine Strandliegerin. Ich stehe unter dem Palmwedelschirm und amüsiere mich.

Juan weniger. Er ist der Mann, der an diesem Strandabschnitt den Service versieht. Er hat sich einen der kleineren beweglichen Sonnenschirme geschnappt und kommt mit meinem Sandwich und meinem Mojito durch den Regen gestapft. Sündhaft teuer! Das Sandwich kostet fünf CUC, der winzige Mojito drei. Eigentlich gibt es keine Sandwiches, sondern nur eines der üblichen Essen: Fisch-Hühnchen-Schwein mit Reis und Salat, fünfzehn CUC, erklärt Juan. Ich lehne dankend ab, das sind Wucherpreise. „Ja, ja", sagt ein Nachbar von Juan, „hier am Strand ist es teuer." An diesem Tag ist mir nicht nach weiteren Erkundungsmärschen in Sachen günstigere Essensmöglichkeiten. Ich bestehe auf ein Sandwich und bekomme es schließlich.

Während der Regen prasselt, meinen Mojito wässert und ich ganz langsam an meinem belegten Brötchen kaue, um für die bezahlten fünf CUC auch ja keine Geschmacksnuance zu verpassen, denke ich: Okay, ganz nett. Jetzt, da ich weiß, wann ich aussteigen muss, werde ich es künftig vielleicht mit dem Bus 195 Richtung Guanabacoa versuchen, Haltestelle in der Nähe der Rampa. Der bringt mich durch den Tunnel. Nach der Brücke muss ich aussteigen. Ich könnte dann den 400er-Bus nehmen, der zu den Stränden führt. Oder lieber nicht. Denn direkt nach dem Tunnel rauscht das Meer richtig fein gegen die Felsen, ich sehe auf der Rückfahrt Boote, Fischer. Da will ich hin, denke ich mir, da ist was los. Oder ich nehme irgendwann den P 1 nach Playa, das liegt im Westen von Havanna, nicht weit entfernt von dem Hafen namens Marina Hemingway. Es gibt noch viel zu sehen, packen wir's an.

Juan Carlos und Ernestina sind völlig erschöpft, als ich an diesem Tag heimkehre. Vier neue Touristen aus Venezuela sind eingetroffen. Vater, drei Mädchen. Sie wohnen bei einer Freundin, die ebenfalls vermietet, denn im Apartment lebe ja ich. Ernestina erklärt gerade ausführlich, wie sie sich auf Havannas Straßen am besten verhalten (nie den Pass mitnehmen, immer nur eine Kopie zum Beispiel). Die Neuankömmlinge hören brav zu, obwohl ich annehme, dass sie müde sind. Sie sind mit null Vorbereitung gekommen und verfügen auch über null kubanisches Geld. Es gibt deshalb gleich zu Anfang Ärger mit dem Quartier, die Freundin Ernestinas bockt, Juan Carlos und Ernestina springen erst mal ein. Von Stund an läutet das Quartett ständig an der Tür mit immer neuen Fragen und Problemen.

Juan Carlos sitzt auch am nächsten Tag dabei und hört zu. Er sieht müde aus. In der Nacht war er auf dem Flughafen, um eine andere Freundin Ernestinas abzuholen. Er musste sechs Stunden warten, ab halb zwei Uhr nachts. Wenn das keine Hilfsbereitschaft ist, dann weiß ich auch nicht. Die Freundin ist ebenfalls außer Haus untergebracht worden. Wie gesagt, das Apartment ist ja besetzt. So langsam komme ich mir richtig schlecht vor. Aber ich gedenke zu bleiben!

Mein schlechtes Gewissen muckt schon bedeutend weniger, als ich erfahre, warum Menschen aus Venezuela für eine Woche nach Kuba wollen. Und dann so viele. Es haben sich für den nächsten Monat nämlich sechzehn weitere angesagt. Das hängt wohl damit zusammen, dass sie auf dem kubanischen Schwarzmarkt Währungsgeschäfte machen wollen. Offenbar bekommen Menschen, die ins Ausland reisen wollen, in Venezuela derzeit eine bestimmte Summe an Dollars, die sie ausführen dürfen. Ich habe vergessen, wie viele. Es scheint nun in Havanna ein ganz bestimmtes Hotel zu geben, in dem sich Käufer und Verkäufer von Dollars treffen. All das erzählt mir Juan Carlos unter dem Siegel der Verschwiegenheit. Da ahnen er und ich allerdings noch nicht, wie drastisch sich die Lage in Venezuela in nicht allzu ferner Zukunft ändern wird.

Der Hintergrund: Venezuela hat seit dem Jahr 2003 strenge Kapitalverkehrskontrollen, der offizielle Bolívar wird in mehreren Umrechnungskursen zum US-Dollar gehandelt, abhängig von den Importprodukten, die in Bolívar bezahlt werden sollen. Die Abweichung des Schwarzmarktkurses von der offiziellen Rate begann laut Juan Carlos bereits im Vorjahr, hat sich aber jüngst dramatisch beschleunigt.

Und so kommen sie halt nach Kuba, hier gibt es auf dem schwarzen Markt vergleichsweise viel für den US-Dollar. Bei dem, was die Besucher beim Wechseln verdienen, ist ein Urlaub schon mal drin. Und ein teures Parfüm aus dem Hotel Nacional für eines der Mädchen, was Ernestina dann doch ein wenig sauer aufstößt, nachdem die Vier zum wiederholten Mal da waren, um sich etwas zu „borgen". In diesem Fall Öl. Das ist auf Kuba teuer. Auch für Ernestina.

In den Tagen nach meinem Strandbesuch regnet es weiter – und zwar, was das Zeug hält. Als wolle der kubanische Regengott nachholen, was er in den vergangenen Hochsommermonaten versäumt hat.

Apropos Götter: Die gehe ich auch noch besuchen, ganz spontan, an einem regenfreien Tag. Das muss sein. Den Papst habe ich schon getroffen, jetzt will ich die Götter Kubas kennenlernen, genauer, die Jungfrau von Regla und ihre Welt. Doppelt gemoppelt hält besser. Die Kubaner, diese

Mixtur aus spanischen, afrikanischen und chinesischen Elementen, sind, was ihre Helfershelfer in höheren Sphären angeht, ebenso kreativ wie im Alltag, das höre ich immer wieder. Erlaubt ist, was funktioniert. Inklusive des real existierenden Sozialismus. Und weil wir schon dabei sind – ein kleines Liebesrezept von Ernestina: ein warmes Bad mit Honig und Milch. Dann bleibt der Geliebte kleben. Juan Carlos grinst immer, wenn sie so etwas erzählt.

„Ich gehe mit, sonst ziehen sie dich gnadenlos über den Tisch", sagt er dann aber entschieden, als ich ihm meine Ausflugsabsichten mitteile. Gut. Außerdem brauche ich ihn als Übersetzer. Ich will nämlich meine Zukunft kennenlernen. Also strahle ich ihn an und bedanke mich für die Fürsorge von Papa Juan Carlos.

Bald darauf sind wir im Auto unterwegs, ostwärts in Richtung Guanabacoa, wir wollen ins dortige Museum für afrikanische Religionen und, natürlich, per Bootsfahrt über die Bucht von Havanna und den „alten" Hafen nach Regla. Das Transportschiff für so ziemlich alles hat Jahrzehnte auf dem Buckel, es tuckerte schon, als Juan Carlos noch jung war. Trotzdem röhrt und dampft es über die Bucht von Havanna, dass es eine Freude ist. Blaues Meer, sanfte Wellen, das Schiff halb leer, gerade mal kein Regen, es ist herrlich. Und außer den Schiffsgeräuschen vergleichsweise ruhig. Denn der Hafen in der Bucht von Havanna ist in den Dornröschenschlaf gefallen.

Der neue große Hafen Mariel im Westen zieht inzwischen die Handelsschiffe an. Der große Containerport samt Sonderwirtschaftszone wurde im Januar 2014 eröffnet. Damit hat sich Kuba schon jetzt für den internationalen Handel gut positioniert. Hier können auch die großen, neuen Containerschiffe entladen werden, die meiste Fracht kommt inzwischen also dort an. Die Entwicklung in Kubas neuer

Sonderwirtschaftszone von Mariel (ZEDM) scheint überhaupt langsam Fahrt aufzunehmen. Nach einem Bericht des Wirtschaftsmagazins „Cuba Standard" vom 29. März 2015 wurden bereits 120 Projekte genehmigt, wobei insgesamt über 300 Anfragen von ausländischen Unternehmen eingegangen sein sollen.

Nun, Wirtschaftswachstum soll ja nicht selten von Gebeten zu den Göttern begleitet worden sein. Also zurück zum alten Hafen und unserer Überfahrt. Regla ist nicht nur der Geburtstort von Juan Carlos, sondern auch die Heimat einer Jungfrau, der von Regla eben. Im Juni 1847 kamen in Regla die ersten 200 chinesischen Kontraktarbeiter auf Kuba an. Als billige Arbeitskräfte sollten sie die afrikanischen Sklaven ersetzen. Mehrere hundert Chinesen siedelten sich dann in Regla an. Im Hafen erinnert eine Tafel an das Ereignis. Bereits während der Kolonialzeit, genauer um 1690, entstand direkt am Meer die Kapelle der Jungfrau von Regla, errichtet von einem Pilger namens Manuel Antonio. Im 19. Jahrhundert war der Ort bekannt für seine Schmuggler. Ob es dort noch Schmuggler gibt, das weiß ich nicht. Doch die Madonna ist und bleibt aktiv, die Fans halten ihr die Treue. Die segensreiche, etwa 62 Zentimeter hohe schwarze Jungfrau hat inzwischen, global gesehen, viele Anbeter und eine lange Geschichte, die in der Alten Welt beginnt.

Es wird erzählt, sie sei im fünften Jahrhundert vom heiligen Augustin in Spanien geschaffen worden. Als er sie bei einem Angriff der Vandalen in Sicherheit brachte, wäre er während eines üblen Sturms fast gekentert, aber dank der Madonna habe er überlebt. Und genau diese Madonnenstatue soll es sein, die irgendwann nach Kuba gekommen ist und seit 1714 die Bucht von Havanna beschützt.

Ob das stimmt? Vielleicht gibt es ja zwei Statuen. Das schließe ich daraus, dass der Kult um eine Statue der schwarzen Madonna ungebrochen in Spanien wirkt, sie ist auch die Schutzheilige von Chipiona, einer Kleinstadt in Südspanien. Diese Statue soll im Sanktuarium einer ehemaligen Festung mit Namen Ponce de León untergebracht sein.

Wie auch immer, die Kubaner haben die schwarze Jungfrau mit dem weißen Jesuskind im Arm für sich entdeckt und auch gleich spirituell eingemeindet. Im Götterkosmos der Santería gehört sie zu den wichtigsten Orishas.

Womit wir bei den religiösen Kulten wären, die mit den Sklaven aus Afrika auf die Insel gekommen sind. Es gibt mehrere. Die Santería ist auf Kuba besonders beliebt. Hier haben die Kubaner die katholischen Heiligen einfach mit ihren eigenen Göttern verschmolzen, auch Orishas genannt. In der Santiería heißt die Jungfrau von Regla Yemayá und ist die Göttin des Meeres und der Seefahrer.

Die Schutzheilige Kubas, die Jungfrau von Cobre, ist ja auch von Papst Franziskus besucht worden. Und sie ist, wie ein angeblich götterkundiger junger Mann nach meinem Besuch in der Kirche von Regla feststellt, auch meine Santería-Schutzpatronin. Oshún heißt sie im Kosmos der Orishas. Außerdem beschützt mich Obatalá – die heilige Mercedes. Also sollte ich von Stund an Gelb und Weiß tragen. Die entsprechenden Armbänder kaufe ich auch gleich, Gelb und Gold für Oshún, weiß für Obatalá, je zwei CUC, ein Heidengeld.

„Beschiss", knurrt Juan Carlos, der mich ja begleitet hat, um mich genau davor zu beschützen. Es hat nur bedingt geklappt. Weil ich nun mal über all das auch gerne schreiben können möchte, lasse ich mich halt bescheißen. Juan Carlos meint allerdings, ohne ihn hätten sie mir noch viel mehr abgeknöpft.

Für die alte Frau, die mir mittels Karten die Zukunft vorhersagt, alles übersetzt von Juan Carlos, gilt das ebenso. Ich erfahre nicht viel Neues, außer, dass ein Mann an meiner Seite ist. Sie meint ganz offensichtlich nicht Juan Carlos. Wen sie da allerdings sieht, kann ich nicht ergründen. Ich hoffe, er ist nett. Versöhnt hat mich der Anblick der dicken Zigarre, die sie sorgsam anzündet, um in dicken Schwaden Rauch über meine neuen Armbänder und mich zu blasen.

Ein junger Mann, der nicht weit entfernt auf dem Mäuerchen vor der Kirche von Regla sitzt, erklärt mir zudem, ich hätte Probleme mit der Verdauung. Zumindest bis dahin hatte ich die nicht. Und die Knochen tun mir auch nicht weh, obwohl er auf dieser Aussage besteht. Nervös bin ich ebenfalls nicht, wie er standhaft behauptet, obwohl ich zu allem energisch mit dem Kopf schüttle. Netterweise (gegen fünf CUC) reinigt er mich mittels sündhaft teurer Sonnenblumen von allen Übeln. Vier der Sonnenblumen werfe ich ins Meer, zwecks Entsorgung der schlechten Energien. Eigentlich hätte ich mir dazu etwas wünschen sollen. Mir fällt bloß kein Wunsch ein. Auch nicht, als ich auf der Rückfahrt eine Münze ins Meer werfe zum Zwecke weiterer Glücksgewinnung. Juan Carlos erzählt, dass die Bucht irgendwann einmal ausgebaggert worden ist. Dabei haben sie sehr viel Geld gefunden. Das kam dann den Museen zugute.

Und nun zum Museum in Guanabacoa, in das ich gut gereinigt gehen kann. Eine sehr nette Führerin hilft mir beim Betreten des unglaublich bunten Kosmos der Götter Kubas. Im Museum ist zudem ein Cadillac aus dem Jahr 1907 ausgestellt, eine reiche Familie hat ihn dem Museum vermacht. Angeblich soll Hemingway versucht haben, ihn zu kaufen.

Anfangs schreibe ich eifrig mit, was die Führerin erzählt. Das gebe ich auf, als sie mich darauf hinweist, dass es einen Folder gibt. Doch, doch, da stehe alles drin. Ich freue mich und kaufe hinterher den Folder. Für fünf CUC. Er hat schon einige Wasser- und Stockflecken, es steht nicht viel drin. Ich hätte besser mitschreiben sollen.

Aber etwas weiß ich doch noch. Guanabacoa war der Name der Eingeborenen, der Taino, für diesen Ort. Also von jenen Menschen, die auf Kuba lebten, bevor die Spanier kamen. Übersetzt heißt das: hoher Platz mit viel Wasser. 1554, am 12. Juni, gründeten die Spanier ein Dorf für die Taino. Mit den Zuckerbaronen kamen die Sklaven und mit ihnen ihre Rituale. Die Urkubaner haben den Einmarsch der Spanier nicht lange überlebt, sie sind von der Insel verschwunden. Auf anderen Antilleninseln wie Puerto Rico haben wenigstens einige überlebt und sich mit den Einwanderern vermischt.

Der Toyota von Juan Carlos wartet brav und völlig unverdächtig auf uns, als wir aus dem Museum kommen. Aber schnell wächst in mir der Verdacht, dass der Wagen die Atmosphäre in der Nähe des Museums nicht mag. Jedenfalls hört die Warnblinkanlage, die nach dem Drehen des Anlassers aus irgendeinem Grund angegangen ist, nicht mehr auf zu blinken. Juan Carlos steigt aus, macht die Motorhaube auf, runzelt die Stirn, wackelt an Drähten und durchsucht schließlich alle Sicherungen, nimmt sie heraus, setzt sie ein, nimmt eine wieder heraus. Das Blinken hört auf. Doch jetzt startet auch der Motor nicht mehr. Also wieder rein mit der Sicherung und blinkend auf zum Vetter, der in Regla wohnt. Der kann auf die Schnelle auch nicht grundsätzlich helfen, kommt aber doch so weit, dass wir heimfahren können, ohne dass es blinkt. Der Vetter will die nächsten Tage vorbeischauen und sich die Angelegenheit näher betrachten.

Als es weitergeht, funktionieren allerdings die Blinker und die Hupe nicht mehr. Unsere Hände müssen die Blinker ersetzen. Für die Hupe reicht unsere Stimmgewalt nicht.

Ich befürchte ja, ich Ungläubige habe die Götter irgendwie verärgert, deswegen als kleine Abbitte nun eine geraffte Abhandlung über die verschiedenen Kulte, die auf Kuba Fuß gefasst haben. Der Himmel, ach, was sage ich, das Universum der kubanischen Götter ist bunt, magisch – und in der praktischen Handhabung im Alltag ziemlich kompliziert. Diese Götter und Göttinnen, die Geheimgesellschaften und Priester haben ihren Ursprung in Afrika. In den Jahren 1821 bis 1860 wurden ungefähr 50 000 afrikanische Sklaven auf die Insel gebracht. Die Menschen stammten aus den Regionen um die Elfenbeinküste, der Goldküste, der Sklavenküste von Togo, Benin und Nigeria, zum Beispiel die Ashanti und die Fanti. Sklaven kamen zum Beispiel aus dem Kongo, aus Angola, aus dem Senegal ... Und ihre Götter ähneln in manchen ihrer Eigenschaften sehr den Menschen, die sie anrufen. Das finde ich jedenfalls.

Fangen wir mit der am weitesten verbreiteten Form der Verehrung an, der Santería oder Regla de Ocha. Zur spiritistisch-animistisch inspirierten Form der Geheimgesellschaften, den Abakuá (Nigeria) und der rein durch Männer ausgeübten Regla Conga oder Palo Monte, mitgebracht aus dem Kongo dann später.

Die Regla de Ocha inklusive der Anbetung der Ahnen wurde aus der Verschmelzung des Katholizismus der Spanier und den Göttern der Yoruba geboren, einem Stamm, der im südwestlichen Nigeria lebte. Unter Yoruba sind all jene Stämme zu verstehen, die diese Sprache sprechen, damit ist nicht unbedingt eine kulturelle Gemeinschaft beschrieben. Die Sprache Yoruba gehört zur Unterfamilie des Kwa. Einer dieser Stämme waren zum Beispiel die Ukumi, die 1728 zum ersten Mal in Kubas Chroniken erwähnt sind, aber auch Stämme wie die Eguadó, Ekiti, Yesa, Egba, Fon, Cuévanos, Agación, Sabalú und Oyó.

In der Santería basiert die Verehrung der Orishas auf einer fast unendlichen Welt von Ideen. Der Monte, der Wald der Santería, mit allem, was sich darin befindet, den Pflanzen, den Steinen, den Tieren, den Mysterien der Flüsse, der Wasserfälle, der Bäume, bietet eine unendliche Vielfalt an Anbetungsmöglichkeiten für die Gläubigen, die Santerías. Wie im antiken Pantheon der Griechen oder der Römer gibt es zudem viele Geschichten über das Leben der Orishas und ihrer Hierarchien. Ob die ganz oben oder die weiter unten, alle haben sie ihre Aufgabe im großen Gefüge von Vergangenheit, Gegenwart und Zukunft.

Ich finde, die Santería ist eine sehr poetische und gleichzeitig pragmatische Form der Götterverehrung. Die heilige Mercedes zum Beispiel entspricht in der Santería einer der wichtigsten Göttinnen, genannt Obatalá, sie steht auf Kuba für die Geburt, die Unschuld. Ihre Farbe ist Weiß. Die heilige Barbara heißt in der kubanischen Santería Shangó, ist unter anderem für das Feuer zuständig. Die berühmte Jungfrau von Cobre, in Gelb-Gold gewandet, nennt sich in der Santería Oshún. Die heilige Regula, Yemayá, trägt die Farbe Blau, sie ist die Göttin des Meeres. San Lazaro – Babal ayé – wird bei Krankheiten, insbesondere der Haut, bemüht. Die heilige Theresa/Oyá hütet die Tore zum Totenreich. Einer der ganz wichtigen Orishas ist Elegoá, San Antonio de Padua, der Gott, der die Straße des Schicksals bewacht, freigibt oder sperrt. Seine Farben sind Rot und Schwarz.

Im katholischen Himmel steht die Schutzpatronin Kubas, die Jungfrau von Cobre alias Oshún, ganz oben in der Hierarchie. In der Santería hingegen die weiße Mercedes/Obatalá, gefolgt vom persönlichen Orisha, dann erst kommt die Jungfrau von Cobre. Jener persönliche Orisha ist von besonderer Bedeutung, denn die Menschen feiern seinen

Geburtstag mit viel Aufwand, holen ihn von seinem Platz auf dem Hausaltar, beschenken ihn mit dem Essen, das er mag, legen die ihm zugeordneten Insignien dazu, spielen seine Musik. Dieser Orisha ist praktisch Teil der Familie. Sein „Zimmer", sein Tempel und Altar sind liebevoll gestaltet, mit allem ausgerüstet, was er brauchen könnte.

Die wichtigsten Insignien der Orishas sind die ihnen zugeordneten Steine. Zu den Orishas gehören aber auch Glöckchen oder Glocken, besondere Trommeln, magische Wedel aus Pferdehaarschwänzen, allerlei Lebensmittel, wie Kürbisse oder Mangos, Süßigkeiten (Mercedes/Obatalá zum Beispiel scheint große zuckrige weiße Sahnetorten zu bevorzugen) oder eben Gegenstände aus der Natur. Diese Vielfalt ist auch nötig, denn im Himmel der Orishas gibt es eigentlich nur neun Farben – außer Schwarz und Weiß. Wie kompliziert das wird mit der Zuordnung von Farben und Insignien, ist schon daran zu erkennen, dass es 400 Orishas gibt. Allerdings werden nur rund 29 von ihnen ständig angerufen. Weil es in der Santería als Erkennungsmerkmal zwar die Farbe, aber kein Bildnis gibt, steht zur Sicherheit oft noch eine Statue des entsprechenden katholischen Heiligen am Altar.

Nun gibt es auf Kuba – wie überall – Personen, die sich berufen fühlen, einem Gott zu dienen. Sie begeben sich sodann in das Haus eines Menschen, der sich mit den Orishas auskennt, eines Babalawo. Alter und Geschlecht der künftigen Adepten spielen keine Rolle. Der Babalawo kann erkennen, ob die Person mit ihrem Wunsch richtig liegt und welcher Gott sie sich ausgesucht hat. Denn nicht die Menschen suchen sich die Götter aus, sondern die Götter die Menschen.

Dann folgt eine siebentägige Einführungszeremonie, in deren Verlauf der oder die künftige Diener/in der Götter quasi neu geboren wird. In der Mitte, also am vierten Tag, trägt er/sie dann das Gewand des Gottes, von dem er/sie ausgesucht worden ist, danach ein Jahr lang nur weiße Kleidung inklusive Kopfbedeckung und Strümpfe als Zeichen der Neugeburt. Die Neugeborenen begegnen mir in den Straßen Havannas jeden Tag. Die Orishas scheinen viele Menschen zu benötigen, die ihnen dienen.

Zurück zum Babalawo. Er dient meist Orúla (seine Farben sind Grün und Gelb) alias Franz von Assisi, ist weiß gewandet und so etwas wie der Hohe Priester. Lange Jahre durften nur Männer Babalawo werden, aber in diesem Punkt hat der Sozialismus (oder der Einfluss der Orishas) womöglich segensreich gewirkt, nun dürfen auch Frauen dieses Amt ausüben. Man nennt sie Iya Oni i Fá.

Die Geheimgesellschaften der Abakuá sind eigentlich so etwas wie ein Club, eine Art Freimaurer, Männer, die einander helfen. Sie haben ihren Ursprung in den Leopard-Gesellschaften in der alten Region der Hafenstadt Calabar. Auf Kuba sind diese Männergesellschaften etwa ab 1836 mit der Gründung der APAPA EFIK in Regla in Erscheinung getreten. Jede Gesellschaft hat ihre eigene Führungsebene, die Rituale werden in Tempeln praktiziert, von denen es in der Gegend des Museums von Guanabacoa allein rund siebzig gibt. Zu den Ritualen gehört eine große Vielfalt von Zeremonien inklusive derjenigen, die die Potenz und Fruchtbarkeit der Iremes erhöhen soll. Das sind Mitglieder, die ganz besondere Aktionen und Funktionen in der Gemeinschaft haben. Auch hier spielen Gegenstände eine große Rolle: Das Zepter der Führer, der Ekué, die heiligen Trommeln, die von den Geheimnissen von Abasí erzählen, die Beerdigungstrommel, die aus Menschenhaut gemacht ist, ebenso die diversen Rhythmusinstrumente der jeweiligen Gesellschaft. Anfangs konnten nur Dunkelhäutige Mitglieder werden, inzwischen sind diese Gesellschaften auch für Hellhäutige offen.

Nun noch die Regla Conga, auch bekannt als Palo Monte oder Regla de Palo Monte. Hinter diesem Namen verbirgt sich eine ganze Gruppe der verschiedensten, animistisch geprägten, religiösen Ausdrucksformen, die auf der Anbetung der Nganga basieren, einer Art Gefäß, randvoll mit magischen Objekten, Tierknochen, Haut, Früchten und Mineralien. Eben alles, was in der beseelten Natur so zu finden ist. Diese Dinge stehen stellvertretend für den Geist, den sie symbolisieren. Die Reglas wurden vom Stamm der Bantu im Kongo praktiziert, von dort und mit ihnen kamen sie auch nach Kuba. Die Gläubigen werden Paleros genannt, die Rituale finden im Tempelhaus des Hohen Priesters statt, des Tatam Nganga, der die verschiedensten Mittel der Verehrung kennt und anwendet.

Diese Stadt, La Habana, scheint mir trotz der vielen Orishas dennoch manchmal von allen guten Geistern verlassen. Sie ist dreckig, es stinkt aus den grauen Mülleimern an den Straßenrändern, wilde Hunde streifen durch die Straßen. Die Fenster vieler Häuser sind kaputt oder nicht vorhanden, Armut, auch Armseligkeit. Und doch fühle ich mich hier lebendig. Nicht einsam, selbst wenn ich alleine bin. Die Menschen nehmen einander noch wahr. Jeder Tag in den Straßen ist für eine Begegnung gut. An diesem Tag, beim Frühstück (Tortilla) im Hotel Inglaterra beim Prado zum Beispiel ist es Daniel, ein Katalane aus Barcelona, der in Madrid lebt und mehrmals im Jahr Kurse für den Bereich Film gibt. Er schreibt ebenfalls. Das Hotel Inglaterra, gebaut 1875, gefiel schon Churchill. Ich fühle mich dort also doppelt in guter Gesellschaft und genieße den Tagesbeginn, während der Verkehr vorbeirauscht und die Cocotaxis auf Gäste warten.

Inzwischen begreife ich schon nicht mehr, warum ich Manschetten davor hatte, einen der öffentlichen Busse zu nehmen. Die meisten sind ruckelig, schlecht gefedert, alt, aber man kommt dahin, wo man hin will, wird durch niemanden belästigt. Manchmal habe ich sogar das Gefühl, dass Kubaner schüchtern sind, zumindest mir, der Yuma gegenüber. Wenn ich energisch genug deutlich mache, dass ich in Ruhe gelassen werden will, dann hat das bisher noch jeder respektiert, auch in Vierteln wie Habana Vieja, in denen es vor Touristen nur so wimmelt.

Der Bus 222 ist inzwischen „meiner", ich benutze ihn oft. Seine Endstation Parque Fraternidad liegt in der Nähe des Capitolio, des Kapitols, das gerade für Sanierungsarbeiten eingerüstet ist.

Von dort geht es, wie schon beschrieben, weiter ins Inglaterra zum Frühstück, dann den Prado entlang und schließlich via Malecón heim. Heim? Ja, schon. Während ich dort entlangschlendere, das Meer, den Himmel, das Leben genieße, stelle ich fest, dass ich glücklich bin, dass mich kleine, ganz zarte Wurzeln mit „meinem" *cuarto* verbinden.

Der Prado – an Wochenenden mutet er tagsüber wie ein großes Freilichtmuseum an, das einen ganz guten Überblick über die Arbeiten kubanischer Künstler bietet. Es gibt viele Bilder mit den üblichen Motiven, wie sie Touristen lieben, inklusive Marylin Monroe und John Lennon. Kubaner haben eine Affinität zu Menschen, die nicht nur für ihren eigenen Weg stehen, sondern auch noch jung eines gewaltsamen Todes gestorben sind. Es gibt übrigens auch ein Denkmal von Lennon aus Bronze, und zwar im gleichnamigen Parque an der Ecke, an der sich die Calles 17 und 8 kreuzen. Am 8. Dezember 2000 hat Staatspräsident Fidel Castro höchstselbst und im Beisein kubanischer Liedermacher das Denkmal auf der bis dahin namenlosen Grünfläche enthüllt. Weil Lennon nun mal der Revolutionär unter den Beatles gewesen sei.

Seitdem sitzt John Lennon in Bronze und Lebensgröße lässig auf einer Bank, anfangs noch samt Nickelbrille. Die hat der Schöpfer der Bronzestatue, Juan Carlos Villa aus Santiago de Cuba, natürlich nicht vergessen. Allerdings wurde sie zum begehrten Sammelobjekt und kam immer wieder abhanden. Nun hält sie der Parkwächter unter Verschluss. Ich habe aber gehört, dass er sie herausrückt, sogar ohne Trinkgeld, wenn jemand ein Foto von Lennon mit Brille machen will.

Diese Woche war ich zu einem kleinen Empfang beim ICAP, dem Institut für Völkerfreundschaft, eingeladen. Eine Gruppe Jugendlicher, Mitglieder beim Kolpingwerk, hatte einen Arbeitseinsatz in Matanzas absolviert und war nun zur Abschlussveranstaltung samt Feedback dort versammelt. Ihr Resümee interessierte mich, und es lautete: Der Einsatz bestand weniger aus Arbeit als aus den Bemühungen aller Gastgeber, den Gästen die Vorzüge des Landes nahezubringen. Einige der jungen Leute hätten lieber mehr gearbeitet, als sich als Werbeträger zu fühlen.

Ich kann das verstehen, auch mir ging es anfangs etwas auf die Nerven, dass mich jeder und jede darauf aufmerksam machte, wie schön es auf der Insel doch ist, und mit erwartungsvollen Augen von mir danach möglichst begeisterte Zustimmung einforderte. Wir Deutschen sind einen solchen Stolz auf unser Land nicht gewohnt und finden alle Äußerungen in diese Richtung eher suspekt. Inzwischen stehe ich jedoch einfach nur noch staunend vor jenem schon fast kindlich anmutenden Stolz auf das Erreichte und die Unbefangenheit, mit der darauf hingewiesen wird. Manchmal erinnert mich das an meine Kinder. Dieses „Mama schau mal" kennt wohl jede Mutter. So erlebe ich es hier auch. Ja, natürlich hoffen die Kubaner, dass jeder, der kommt, Werbung macht, dass es den Menschen hier gefällt. Sie weisen unermüdlich auf die Vorzüge der Insel hin, die sie aber auch ehrlich so empfinden. Ein bisschen wie meine Kinder eben, wenn sie etwas Neues gelernt hatten. Understatement ist wohl das Privileg derer, die schon alles erreicht haben. Oder es zumindest glauben. Das soll aber nicht heißen, dass Kubaner kritiklos alles hinnehmen. Beileibe nicht. Und sie äußern ihre Kritik offen.

„Ist das nicht ein Verzicht", fragte mich eine der jungen Frauen der Kolpinggruppe, als ich geschildert habe, dass es eben nun mal nicht immer alles zu kaufen gibt. Nein, ganz klar nein. Wer braucht schon jeden Tag genau das, was im Rezept des Kochbuchs steht, wenn das Leben selbst die Suppe kocht. Diese Insel ist auch deshalb so liebenswert, weil sie immer wieder für eine Überraschung gut ist.

Ein Beispiel: Es *gibt* plötzlich *naranjas*, stelle ich tags darauf fest. Warum ich das so dezidiert schreibe? Die Geschichte mit den Apfelsinen steht für eines meiner vielen Vorurteile gegenüber Kuba. Noch Ende März 2015, als ich auf die Insel kam, dachte ich, naiv wie ich bin, dass es dort sicher Apfelsinen gibt, zumal mir bei meiner Rundreise in fast jedem Hotel frisch gepresster Orangensaft zum Frühstück angeboten worden ist.

Doch im „wirklichen Leben"? Nirgends. Dafür immer das, was wir als Limonen und Limetten bezeichnen. Und nun? Da komme ich auf einen *mercado* und was sehe ich: *naranjas*. Das steht zumindest auf dem dazugehörigen Schild. Bloß, die Früchte sehen nicht aus wie *najanjas*, sind kein bisschen orange. Dafür viel Grün. Der Verkäufer bestätigt: Doch, das sind *naranjas*. Also gut, denke ich mir, vielleicht sind sie noch nicht reif, und trage drei davon glücklich nachhause. Zwei wandern in den Kühlschrank, wo hier einfach alles aufgehoben wird, auch die Apfelsinen, eine lege ich in die Obstschale auf dem Küchentisch.

Fortan umkreise ich die Schale jeden Tag, in der Hoffnung, dass die Orange orange wird. Nichts, sie bleibt grün. Die Schale wird allerdings hart, sodass ich mich schließlich entschließe, sie zu verwenden wie eine Limone, nämlich, um Limonade zu machen. Mit ganz wenig Zucker.

Und dann, was passiert dann? Ich komme auf einen anderen Markt und was sehe ich? Eine orangefarbene *naranja*. Na ja, zumindest ist sie gelb. Ich trage also eine nachhause, man wird ja vorsichtig, und die anderen in meinem Kühlschrank sind noch immer grün. Und weil ich nun bei einem Ausflug nach Cojimar, einer kleinen Stadt am Meer, wo früher Hemingways Yacht Pilar lag, gerade eine gehörige Ladung *camarones*, Garnelen, gekauft habe, schon gepuhlt, beschließe ich, so etwas wie einen Shrimpscocktail herzustellen. Mit der *naranja* und Cocktailsoße aus Mayonnaise, Zwiebeln, Ketchup. Als ich die *naranja* schäle und in Stücke schneide, werde ich misstrauisch, das Fruchtfleisch sieht irgendwie strohig aus. Mein Verdacht bestätigt sich beim ersten Löffel Salat. Die *naranja* ist eine – ziemlich kleine – Pampelmuse. Und meine Cocktailsoße nimmt schnell und ziemlich ungeplant einen leicht bitteren Geschmack an.

Übrigens – es gibt hier auch „Südfrüchte". Die „Südfrucht" Kubas ist der Apfel. Hin und wieder tauchen *manzanas* auf und sehen genauso rund und rotbackig aus wie die Äpfel aus dem Paradies. Oder der Apfel, an dem sich Schneewittchen verschluckt hat. Zu schön, um echt zu sein. Es gibt sie neuerdings sogar im panamerikanischen Supermarkt FOCSA, wo sonst normalerweise kein frisches Obst oder Gemüse zu haben ist. Und da beobachte ich gezwungenermaßen jenen jungen Mann, der fünf Äpfel haben will.

Aber nicht irgendwelche, sondern die fünf schönsten Äpfel, die die Verkäuferin zu bieten hat. Also werden die Äpfel aus allen vier Kisten herausgenommen, genau untersucht, wie kostbare Diamanten gedreht und gewendet, bis sich einer findet, der den jungen Mann zufriedenstellt. Nach gefühlten zwei Stunden liegen fünf für ihn auf der Theke. Derweil wird die Schlange am Verkaufstresen immer länger. Alle drehen die Augen nach oben. Aber niemand protestiert. Und ich gebe meine Absicht auf, zu Testzwecken eine dieser „Südfrüchte" zu kaufen. Trauben entdecke ich auch noch an diesem Tag! Ebenfalls perfekt geformt. Wie aus dem Genlabor. Sie werden auf dicke Fäden gefädelt, über einen Stab gehängt und an der Rampa verkauft. Wo die Äpfel und die Trauben herkommen, weiß ich nicht. Wer Böses denkt, könnte vermuten, dass sie in einem Hotel abgezweigt worden sind. Denn wie schon gesagt, die Verteilung und Anlieferung aller Art von Lebensmitteln für die Touristen funktioniert perfekt. Da ist die Versuchung groß.

In anderer Hinsicht atme ich auf: Die Tage und auch die Nächte werden langsam etwas kühler. Es ist herrlich. Neulich hatten wir einen richtig schönen englischen Landregen.

November

Noch ein Wort über Autos. Alles begann 2008, als Juan Carlos mit seinem blauen Toyota in ein Loch auf der Straße gekracht ist und die Wanne für das Motoröl beschädigt wurde. Das Öl geriet zudem aus einem Grund, den ich nicht verstanden habe, in Brand. Ergo: Auto kaputt. Nach langem Suchen fand er Hilfe bei einer Schiffsmotorenwerkstatt. Dort gelang es, das kaputte Teil neu zu formen sowie mit Silikon abzudichten.

So viel zur Vorgeschichte. Jetzt verliert das Auto wieder Öl. Juan Carlos denkt natürlich zunächst, der einst kaputte Tank sei wieder leck. Da sein Vetter, der Automechaniker, der weit weg in Regla wohnt, kein Telefon besitzt, versucht er, dessen Frau zu erreichen. Er braucht gefühlte tausend Anrufe, bis der Vetter endlich zurückruft. Er kommt auch. Und stellt fest – es ist nicht der Ölbehälter leck, sondern ein Schlauch.

Nach kurzem Aufatmen beginnen die Probleme erst richtig. Eine Odyssee nimmt ihren Lauf, die Juan Carlos auf der Suche nach dem kaputten Teil von Laden zu Laden führt. So ein Stück Schlauch ist einfach nicht zu beschaffen. Niemand scheint helfen zu können, alle kennen aber jemanden, der weit weg wohnt und eventuell helfen kann. Da das Auto nicht fährt, ist dieser Jemand für Juan Carlos bloß nicht zu erreichen. Zu Fuß ist es nämlich zu weit. Die beiden Männer finden zunächst trotz heftigem Beratschlagen keine Lösung.

Dann kommt der Vetter aus Regla auf die Idee, einen Karton und Silikon zum Abdichten des Schlauchs zu verwenden. Aber es muss ein Tortenkarton sein. Warum, das habe ich nicht erfahren. Nach langem Suchen wird auch einer gefunden. Es funktioniert nicht, der Schlauch leckt weiter. Wieder geht die Suche los. Ein anderer befreundeter Automechaniker, den Juan Carlos besucht, meint, einzig Fischkartons wären dafür zu gebrauchen. Und, was findet sich auf dem Heimweg im Müll? Ja, ein alter, stinkender Fischkarton. Der wird eingebaut. Es läuft kein Öl mehr heraus.

Das Auto fährt aber immer noch nicht. Jetzt ist die Batterie kaputt. Das, sagt Juan Carlos, wäre ja noch zu regeln. Aber auf Kuba gibt es gerade eine Batteriekrise – selbst die Leute von der staatlichen Elektrizitätsversorgung können viele Gefährte nicht bewegen, weil sie keine Batterien bekommen. Juan Carlos kennt dort jemanden, und der hat angeblich gesagt, dass es viele Autos sind, die deswegen stehen bleiben – und dass sie auf einen Antrag hin nur eine mickrige Batterie bekommen haben. Kubaner sind kreativ. In allen Lebensbereichen. In meinem Viertel ist mal wieder Stromausfall. Ich denke mir nicht viel dabei, inzwischen weiß ich, dass rundum die Strommasten erneuert werden. Ich hätte mir aber doch etwas denken sollen, unter anderem, dass das auch die Supermärkte in der Umgebung betreffen könnte. Ich breche auf. Auf meinem Einkaufszettel steht Käse. Ich habe gehört, es gibt wieder welchen. Außerdem will ich Wein kaufen, denn der ist seit gestern Abend alle. Juan Carlos und ich hatten wieder einen unserer Zwei-Finger-hoch-Weinabende, haben über Gott und die Welt geredet. Das macht durstig.

Es kommt, wie es kommen muss. Der Supermarkt an der Straße San Lazaro hat wegen des Stromausfalls geschlossen. Also unverrichteter Dinge wieder heim? Eher nicht. Ich habe nämlich inzwischen entdeckt, welcher Mast ausgewechselt wird. Also steuere ich zwecks Stärkung und eingehender Beschäftigung mit dem Thema Strom genau jenes Café an, neben dem Arbeiter damit beschäftigt sind, einen neuen Strommast aufzustellen. Säfte zum Frühstück gibt es an diesem Morgen dort nicht, keine Kühlung. Kaffee ist ebenfalls nicht möglich.

Also bestelle ich Hühnersalat und warme tuKola.

Während ich die Arbeiter beobachte, wird mir angst und bange. Drei Männer turnen fast ohne Sicherung in luftiger Höhe herum, balancieren auf schwankenden, dünnen Streben und kappen die alten Leitungen, um sie später an die Trafos des daneben neu aufgerichteten Strommasts anzuhängen. Sie sind dabei mit nicht viel mehr als einer Kneifzange ausgerüstet. Mal ganz abgesehen davon, dass ich die Art der Leitungsverlegung auf Kuba an sich schon ziemlich abenteuerlich finde – sie wäre der Albtraum eines jeden deutschen Elektrikers –, würde ich mich in dem Wust von Kabeln gar nicht zurechtfinden. Was diese Männer leisten und mit wie wenig sie es tun, findet meine uneingeschränkte Bewunderung. Gut, eine Hebebühne gibt es, aber darauf hat von den dreien nur einer Platz. Und der ist dazu ausersehen, die Trafos bis zur Wiederverwendung auf dem neuen Mast in Empfang zu nehmen und abzuseilen.

Die Männer, die unten die Erde wegtransportieren, die beim Setzen des neuen Mastes übrig geblieben ist, gehören wahrscheinlich einem anderen Staatsbetrieb an. Sie haben keine spezielle Berufskleidung. Auch sie tun ihre Arbeit mit minimalstem Handwerkszeug. Einer hat eine Schaufel und schippt den Dreck auf ein Stück Pappe, vielleicht einen halben Meter im Quadrat. Damit transportiert ein anderer die Erde auf einem Karren. Der Dritte hat einen winzigen Eimer, es könnte eingelegtes Gemüse drin gewesen sein, und trägt die Erde damit fort. Sie kommen trotzdem relativ schnell zum Ziel, sprich, der Haufen ist weg, ehe ich mein Frühstück beendet habe. Ich sitze, staune und frage mich, ob Bauarbeiter bei uns unter solchen Umständen überhaupt einen Handschlag tun würden.

Gestärkt durch die Mahlzeit will ich meine Einkaufsversuche fortsetzen. Ernestina schließt sich mir nach meinem kurzen Toiletten-Zwischenstopp in der *casa* an. Wir müssen ein ganzes Stück laufen, doch tatsächlich: Andere Supermärkte als der gegenüber dem Platz der Märtyrer haben offen. Jetzt weiß ich, warum Ernestina beim Einkaufen so viel Zeit braucht – und worüber Juan Carlos sich regelmäßig zu beschweren pflegt. Sie klappert alle Märkte ab, auch den winzigen in der nahen Tankstelle.

Den Gedanken an Wein habe ich aufgegeben. Den besten gibt es nun mal im an diesem Tag geschlossenen Supermarkt. Wir suchen also außer Käse noch Joghurt. Bekommen aber alles nicht. Joghurt natural, also ohne Zucker, gebe es schon beim panamerikanischen Supermarkt FOCSA in der 17. Straße. Bloß, der wird erst am nächsten Tag verkauft, wenn die Preise in die elektronischen Kassen eingepflegt sind. So lange bleiben die Joghurtschläuche gut sichtbar, aber unangetastet, im Kühlregal.

Für Ernestina Teil des täglichen Lebens. Sie weiß genau, welche Restaurants staatlich betrieben werden, welche genossenschaftlich und welche privat, wobei Letzteres oft zusammenfällt. Schließlich ist sie ja in der Gegend aufgewachsen. Und so wird jeder gemeinsame Einkauf zu einer kleinen Lehrstunde in Sachen kubanischer Alltag. Ernestina weiß auch, welche Häuser inzwischen Privatpersonen gehören. Offensichtlich kaufen sich Venezolaner derzeit gerne auf Kuba ein, und auch die Amerikaner sollen sich schon wieder umschauen. Über Strohleute natürlich, denn Ausländer können offiziell keine Immobilien erwerben.

Der Gedanke an einen schönen gekühlten Joghurtdrink lässt mich auch am nächsten Tag nicht los. Also marschiere ich nach dem „Bürobesuch" im Hotel Habana Libre und einem kleinen Schläfchen los, um Joghurt zu kaufen. Der Ausflug bringt eine gute und eine schlechte Nachricht. Es gibt im Supermarkt Joghurt, bloß nicht mehr den in den Schläuchen, der ist schon ausverkauft, sondern nur im Topf. Auch gut, denke ich, und nehme gleich zwei, ohne zu lesen, was auf dem Etikett steht. Daheim ereilt mich prompt die schlechte Nachricht: Es ist Joghurt gesüßt mit Mangoaroma. Okay. Ist nicht ganz so schlimm wie der mit Erdbeeren, aber ich mag keinen süßen Joghurt. Also vermache ich ihn meiner *familia*.

Und morgen geht es mal wieder in die *Oficina de Inmigración*, ich muss die Touristenkarte erneut um einen Monat verlängern. Wir sind inzwischen schon routiniert. Ich vergesse auch nicht mehr die Briefmarken im Wert von 25 CUC, mit denen ich die Verlängerung bezahlen muss und die es bei der *Banco Metropolitano* gibt.

Es wundert mich nach so vielen Monaten und vielem Schlangestehen jedoch noch immer, mit welcher Ruhe und Disziplin das alles abgeht. Denn ein bisschen vordrängeln würde unter Umständen gewaltig viel Zeit sparen. Wir haben beim letzten Mal alles in allem vier Stunden gewartet, während Juan Carlos mir wiederholt vorschlug, ich solle mich doch in Gedanken an einen wunderbaren Strand begeben, mit Palmen, Schatten, Meereswellen. Mir war aber mehr nach Skilaufen. Stattdessen komme ich mit einer Exilkubanerin ins Gespräch, die gerne repatriiert werden will. Sie lebt in Florida. Der Grund? Heimweh. Und bald werde das Embargo fallen, behauptet sie, dann werde das Leben auf der Insel um vieles besser. Aha, denke ich. Die Amerikaner kehren schon zurück.

Die freundliche, etwa siebzigjährige Dame wirkt allerdings nicht, als wäre sie die Vorhut gieriger Heuschrecken, die aus der Insel wieder eine amerikanische „Kolonie" machen wollen. An die Zeit, als Batista regierte und Kuba noch amerikanischer Hinterhof und das Mekka der Spieler und Zuhälter sowie der Zufluchtsort der Mafiabosse und anderer krimineller Elemente war, müsste sie sich aber noch erinnern können. Vielleicht gehörte ihre Familie ja zu jenen Kubanern, denen der Sieg der Revolution nicht gefiel und die deshalb ausgewandert sind. Ich komme jedoch nicht mehr dazu, sie danach zu fragen, denn wir sind an der Reihe. Da ich alles dabei habe, geht es mit der Verlängerung meiner Touristenkarte mit etwa 3,5 Stunden Wartezeit erstaunlich fix. Dabei haben die Mitarbeiter der *Oficina de Inmigración* jede Menge Formulare auszufüllen.

Als Juan Carlos und ich nach draußen gehen, schließt die ältere Dame zu uns auf. Sie wirkt geknickt, muss, nach ebenfalls stundenlanger Wartezeit, unverrichteter Dinge wieder abziehen. Das für sie notwendige Formular, das mit Unterschrift des Konsuls an die *Oficina de Inmigración* hätte geschickt werden sollen, ist noch nicht da. Der Konsul ist in Urlaub, heißt es. Tja, selbst Rückkehrern wird es nicht leicht gemacht.

Ich bin mir inzwischen fast sicher, Ernestina ist Schwäbin. Oder sie hat eine Schwäbin in ihrer Ahnenreihe. Sie entspricht jedenfalls vollkommen dem Klischee einer spar- und arbeitsamen schwäbischen Hausfrau, wischt jeden Tag irgendwo, feudelt, scheuert und putzt. Wenn sie nicht gerade durch die Gegend streift, um herauszufinden, wo sie möglichst günstig und gut einkaufen kann. Sie ist sehr stolz darauf, wenn die Nachbarn sie bei der Arbeit beobachten und ihr bestätigen, eine wie gute, fleißige Hausfrau sie doch ist.

Allerdings putzt sie anders, als es eine Schwäbin täte.

Und das liegt an den Fußböden in den meisten kubanischen Häusern. Die sind nämlich gefliest: Eimer unter den Wasserhahn, schwapp mit dem Nass auf die Fliesen, Seife drauf, dann wird geschrubbt, anschließend das Nass aufgefeudelt und mit dem Putzlappen nachgewischt. Im Badezimmer und in der Küche betrifft das auch die Wände. Sofern sie gekachelt sind, natürlich. Ins Klo kommen diese gut riechenden antibakteriellen Duftdinger. Tapeten habe ich hier übrigens nicht gesehen, höchstens in den sanierten alten Villen. Dafür viel Lachsfarbe oder Ocker an den Wänden und Weiß an den Decken. Derzeit ist aber mehr Lachs in.

Wenn ich so durch die Straßen Havannas streife, die von Vedado in meinem speziellen Fall, dann sehe ich immer wieder Häuser, die zum Verkauf stehen. Eine Freundin, die ein Haus sucht, hat eines mitsamt allen Möbeln und Haushaltsgeräten sogar schon für 15 000 CUC angeboten bekommen. In einem guten Stadtviertel, wie sie sagt, allerdings etwas außerhalb. Vedado ist da sehr viel teurer. Eine Wohnung gegenüber meiner *casa* steht ebenfalls zum Verkauf. Fünf Zimmer, zwei Bäder, rund 30 000 CUC, sagt Ernestina.

Apropos Farben: Sie spielen im kubanischen Leben eine große Rolle. Etwa bei den Händen der Kubanerinnen mit meist knallig lackierten und mit viel Glitzer beklebten, sehr langen Fingernägeln. Ich muss an einen Abend denken, an dem ich unten in Ernestinas Küche Raoúls neuer Flamme Mariposa gegenübersitze. Übersetzt heißt der Name Schmetterling. Ihre Fingernägel sind ebenfalls lang und mit Strass gestylt, ihre Hände geschmückt mit allerlei Ringen, golden oder silbern, besetzt mit bunten Steinen, die im Licht der Küchenlampe glitzern. Wenn sie sie bewegt, lebhaft und schnell, dann ähneln diese Hände tatsächlich den Flügeln eines Schmetterlings. Und sie bewegt sie oft, spricht mit ihnen, unterstreicht, was sie sagt, manchmal streichelt sie Raoúl, manchmal fährt sie durch ihr Haar, ihre Hände erzählen Geschichten, sprechen von Empfindungen, von Sehnsucht.

Viele Kubanerinnen haben diese glitzernden, sprechenden Hände. Und ich kann mich des Eindrucks nicht erwehren, als bekämen unsere Unterhaltungen dadurch eine weitere Dimension. Manchmal sagen die Hände nämlich auch, was die Sprecherin eigentlich nicht verraten will.

Raoúl reagiert verhalten auf diese Hände. Ich weiß nicht, ob er sich männlich cool zu geben gedenkt, oder ob tatsächlich stimmt, was Juan Carlos mir erzählt hat: Raoúls ehemalige *novia*, seine frühere Freundin, „nimmt inzwischen wieder einen Großteil der Gedanken in seinem Kopf ein". Juan Carlos und Ernestina lieben Raoúls Ehemalige, es wäre ihnen recht, wenn er sie zurücknähme, denn sie ist „wie verrückt" in den jungen Mann verliebt, der zugegebenermaßen sehr nett ist. Er trägt mir, ganz kubanischer Gentleman, immer die schweren Fünf-Liter-Wasserflaschen in den oberen Stock und auch allerlei Sonstiges, was ich zu schleppen habe, wenn er denn gerade dazukommt.

„Und warum ist die andere besser?", frage ich bei einem unserer nächtlichen Terrassengespräche. Will heißen, Juan Carlos, Ernestina und ich stehen auf der großen Terrasse mit Blick auf die Straße, schauen zu, wie die Jungs an der nächsten Kreuzung der Infanta, einer tagsüber sehr belebten Straße, Fußball spielen. „Mariposa ist zu hübsch", sagt Juan Carlos sehr entschieden. Der Schmetterling hat es also nicht geschafft, ihn für sich einzunehmen. Und ich dachte immer, es ist gut, jung, sexy und dazu noch klug zu sein.

„Aber liebt Juan Carlos sie denn nicht, es ist doch seine Sache, zu entscheiden, mit wem er zusammen ist?", gebe ich schüchtern zu bedenken.

Ernestina schüttelt den Kopf. „Die alte Freundin ist besser, sie ist auch klug und sieht auch gut aus, und die beiden waren sehr lange zusammen", sagt sie, als erkläre das alles. Dann fügt sie hinzu: „Außerdem hat sie eine eigene Wohnung." Das Haus von Mariposas Eltern steht in der Provinz Santa Clara. Wenn die beiden heiraten sollten, dann müsste sie zusammen mit Raoúl, der sich keine eigene Wohnung leisten kann, bei Juan Carlos und Ernestina leben. „Und wenn es dann auseinandergeht", fährt Ernestina fort, „wenn gar ein Kind da ist, dann ist es nach kubanischem Recht nicht möglich, sie wieder aus dem Haus zu bekommen. Denn Mütter und Kinder werden vom kubanischen Staat besonders geschützt. Aber ich habe für dieses Haus gearbeitet und geackert."

Aha. Ich bin eine heillose Romantikerin und wünsche mir in diesem Moment, dass die Macht des Faktischen nicht gewinnt. Sondern die Liebe. Das sage ich aber nicht.

Manchmal kommt Mariposa auch zu mir nach oben. Zum Beispiel, weil sie Wäsche aufhängen muss, Unterwäsche etwa, meistens ein kleines zartes Nichts. Die Leinen hängen im überdachten vorderen Teil der Veranda. Im hinteren liegt meine Loggia mit dem Tisch mit der weinroten Tischdecke, wo ich oft sitze und Tagebuch schreibe. Wir reden meist nicht viel, sie lächelt mir zu, und ich hoffe, dass das Verhängnis nicht schon über ihr schwebt.

Außerdem: Mariposa raucht, das kann sie unten nicht, denn außer ihr raucht niemand im Haus. Dabei rauchen viele Frauen auf Kuba. Nicht wenige haben einen Zigarillo in Händen. Die kubanischen Zigarren sind offenbar den Männern vorbehalten, ich habe sie bisher nur bei den Wahrsagerinnen von Regla gesehen. Oder bei Touristinnen.

Womit wir bei einem Thema wären, das nicht fehlen darf. Zigarren sind ein wichtiger Bestandteil des kubanischen Lebensgefühls – und das nicht nur, weil Che Guevara, der charismatische Commandante, trotz schwerem Asthma viel geraucht hat. Jedenfalls ist er auf zahlreichen Fotos mit einer Zigarre zu sehen, übrigens einer Montecristo No. 4

Da ist zum Beispiel Frederico, ich treffe ihn manchmal am Malecón. Er ist ein alter Mann, aber wenn er sich seine Zigarre ansteckt, dann wird er wieder jung. Wir reden nicht viel. Ich weiß nur seinen Namen, er hat mich – im Gegensatz zu anderen – nie angesprochen. Aber arm kann er nicht sein. Denn gute Zigarren sind teuer. Er raucht meist die Cohiba, manchmal aber auch Montecristo. Das kann ich an der Banderole erkennen. Cohiba war übrigens das Wort der Taino-Indianer – der Ureinwohner Kubas – für die Bündel aus zusammengerollten Tabakblättern. Kolumbus beobachtete schon 1492 die Taino, wie sie „Rauch tranken".

An manchen Tagen, an denen ich meinen Abendspaziergang am Meer mache, nicken Frederico und ich einander einfach nur zu. Oft bleibe ich ein Stück weiter stehen und beobachte ihn. Denn wenn er raucht, gleitet er in eine andere Welt, eine, die mir verschlossen ist und die in mir manchmal so ein seltsames Gefühl der Sehnsucht auslöst. Ich bin weiß Gott keine Verteidigerin des Rauchens. Trotzdem. Er sieht so glücklich aus dabei, so zufrieden und selbstvergessen. Vielleicht weiß er das aber auch, weiß, dass ich ihn beobachte, und er will der Yuma, der Fremden, etwas vom kubanischen Lebensgefühl vermitteln.

Aufreizend langsam zieht Frederico jedes Mal die Zigarre aus ihrer passgenauen Hülle. Ein Streichholz flammt auf, verglüht, landet im Straßenstaub. Dann das zweite. Er blickt in die Ferne über das Meer und scheint es gar nicht wahrzunehmen. Seine Augen sind zusammengekniffen, er wirkt abwesend und doch hoch konzentriert, völlig im Hier und Jetzt. Ein drittes Streichholz fällt in den Straßenstaub. Dann atmet er ein, langsam, genussvoll, die Spitze seiner

Zigarre glüht auf. Er dreht sie, betrachtet sie nachdenklich – und dann, erst dann, nach einer mir endlos scheinenden Zeit, in der auch ich die Luft anhalte und in Atemnot gerate, stößt er den Rauch aus, oder besser, entlässt er ihn ganz langsam aus seinen Lungen. Gleichzeitig werden seine Augen groß und rund. Das ist der Zeitpunkt, an dem auch ich ausatme. Und Frederico mir zulächelt, ein kleines, kaum sichtbares Lächeln nur, das mehr in seinem Blick liegt, obwohl er mich noch nicht einmal direkt ansieht. Dann ist er wieder ganz bei sich und seiner Zigarre.

Viele der besten Zigarren Kubas waren lange Jahre der Nomenklatura vorbehalten, den Herrschenden, zumindest unter Batista. Schon im späten 19. Jahrhundert hatte sich in Kuba eine rege Zigarrenproduktion entwickelt, bei der neben den heute noch gängigen Marken wie Partagás oder H. Upmann auch viele andere entstanden, die inzwischen in der Versenkung verschwunden sind. Die gegenwärtig bekannten Marken sind erst im 20. Jahrhundert aufgekommen. Soweit ich weiß, gibt es auf Kuba fünf wichtige Tabak-Anbauzonen: die Provinz Oriente, Las Villas, Camaguey, die Region Remedios, Partidos und Vuelta Abajo (Provinz Pinar del Río). Sie sind in sieben Distrikte aufgeteilt. Die wegen des besonderen Bodens außergewöhnlichsten Plantagen, die Vegas Finas, liegen im Distrikt El Llano, zwischen den Gemeinden San Luis und San Juan y Martínez.

Die Cohiba-Reihe ist die wohl bekannteste kubanische Zigarrenmarke. Auch Altbundeskanzler Schröder soll sich ab und an eine gönnen. Es gibt sie jedoch erst seit 1966. Angeblich geht das Projekt Cohiba auf eine Anregung von Fidel Castro zurück. Und Che Guevara nahm sich persönlich dieser Sache an. Alle Cohibas werden in der Fábrica El Laguito in Havanna produziert. Und das Geschäft mit den Zigarren ist selbstredend in staatlicher Hand.

Dem Internet habe ich entnommen, dass fünf Faktoren die Cohiba zur angeblich besten Zigarre Kubas machen: Für eine Cohiba werden nur die besten Tabake aus der Vuelta Abajo, dem besten Anbaugebiet auf Kuba, verwendet. Nur die fünf besten Tabakfarmen dürfen den Tabak für die Cohiba liefern. Nur die besten *torcedores* (Zigarrenroller) dürfen Cohibas rollen. Und last, but not least: Zwei der drei Einlagetabake für die Cohiba erfahren eine dritte Fermentation in Holzfässern. Dies verleiht den Zigarren ein besonderes Aroma, das sonst keine andere Zigarre Kubas besitzt.

Weitere bekannte Habanos-Marken sind neben der Cohiba-Reihe die Romeo y Julieta, die Montecristo, die Partagas und die Hoyo de Monterrey. Die Montecristo bekam ihren Namen nach dem berühmten Roman „Der Graf von Monte Christo" von Alexandre Dumas. Die Montecristo No. 4, die Lieblingszigarre von Che Guevara, wurde übrigens erst 1935 von Menéndez y García auf den Markt gebracht. Namensgeber der Romeo y Juliet war natürlich Shakespeare. Die Romeo y Julieta No. 2 bekam nach einem Besuch des britischen Premierministers Winston Churchill 1946 dessen Namen verpasst, weil er ein großer Liebhaber des Formates war. Auch hier sieht man wieder, wie eng die Verzahnung zwischen Politik und Zigarrenherstellung auf Kuba immer war. Und ist.

Apropos Sinneslust: Sagte ich schon, dass ich *camarones* liebe? Nun ja, eigentlich kann ich sie seit einigen Tagen nicht mehr sehen. Da ich seit einiger Zeit weiß, wo der Fischladen liegt, in dem man sie kaufen kann, habe ich kurzerhand Maikel Veloz vom Zentrum für Völkerfreundschaft und seine junge Frau eingeladen, als ich hörte, dass sie für ihr Leben gerne *camarones* isst. Die beiden erwarten ihr erstes Baby. Also bin ich losgezogen und habe welche gekauft. Zwei Kilo. Ich wollte mich nicht lumpen lassen.

Für Schwangere ist Eiweiß sicherlich gut. Doch die beiden konnten nicht kommen. Maikels Frau bekam gesundheitliche Probleme. Ernestina ist allergisch gegen *camarones*, sie wollte mir keine abnehmen. Und so habe ich tagelang *camarones* gegessen. *camarones*-Reis; *camarones* mit Ei. *camarones* mit Nudeln. *camarones* mit Salat. *camarones* mit Pfannkuchen. *camarones* als Salat mit Obst. Wie gesagt, ich liebe *camarones*. Aber jetzt gerade nicht. Vielleicht irgendwann wieder einmal.

Der November endet mit einer traurigen Nachricht. Juan Carlos, der noch immer jeden Abend die inzwischen ziemlich gewachsenen Katzenwaisen füttert, vermisst den kleinen schwarzen Teufel, wie er ihn nennt. Der Schwarze ist scheu und misstrauisch, er lässt sich nicht streicheln. Vielleicht bekommt er deshalb mehr Aufmerksamkeit als seine Schwestern. Wir hoffen alle, dass der widerspenstigste der Nachkommen der tapferen Graugetigerten wieder auftaucht. Nun sind es nur noch zwei.

Dezember

DAS JAHR NÄHERT SICH DEM ENDE, eine Weihnachtsfeier in der *familia* steht an. Fassen wir doch noch einmal zusammen, was sich am praktischen Leben für mich erkennbar geändert hat, seit ich auf Kuba angekommen bin. Der Internet-Zugang im Hotel Habana Libre kostet inzwischen nur noch die Hälfte, nämlich fünf CUC die Stunde, und die Routine hat Einzug in mein Leben gehalten. Mein Spanisch ist besser, aber noch immer ziemlich ausbaufähig. Fürs Viertel gehört die Deutsche inzwischen zum Straßenbild.

Außerdem bin ich neuerdings so etwas wie eine Botschafterin. Die Kollegen des Berliner Schriftstellerverbandes haben auf meinen Vorschlag hin beschlossen, den Austausch mit den kubanischen Kollegen anzustreben. Mal sehen, was sich ergibt, die Ideen sprudeln in diesen Zeiten der Veränderung.

Und darüber hinaus? Es gibt bessere Verbindungen nach Amerika, bald per Schiff und bereits per Flugzeug. Immer mehr Fluglinien nehmen Kuba in ihre Pläne auf, ebenso die Kreuzfahrtunternehmen. Die einen sagen, die Veränderung wird nun schnell gehen, angetrieben vom Konsumwillen der Menschen. Ich bin da nach wie vor eher skeptisch, ähnlich wie nicht wenige Kubaner. Es wird meiner Meinung nach dauern, bis etwas davon bei der Bevölkerung ankommt. Die Annäherung zwischen den Vereinigten Staaten, der EU und Kuba nimmt allerdings Fahrt auf. Aber auch andere Länder hoffen auf eine Öffnung und wollen sich positionieren. Zahlreiche internationale Handelsdelegationen waren in den vergangenen Wochen und Monaten auf der

Insel zu Gast. Vor allem Russland, Spanien, Großbritannien und Japan haben die Absicht, die Zusammenarbeit massiv auszubauen. Natürlich wittern auch Unternehmer aus den USA Möglichkeiten. Gut ein Jahr nach der Eröffnung der neuen Sonderwirtschaftszone von Mariel (ZEDM) scheinen die ausländischen Investoren nach Kuba zurückzukehren.

Aber noch ist von all dem im Alltag nichts zu spüren. Im Gegenteil, die Geschäfte sind in der Vorweihnachtszeit so gut wie leergekauft, mein spanischer Wein ist komplett weg. Glücklicherweise konnte ich mir noch drei Flaschen sichern. Auch wenn die Post die direkten Lieferungen zwischen Kuba und den Vereinigten Staaten inzwischen wieder aufgenommen hat, in den CUC-Geschäften kann ich trotzdem – bis auf die allgegenwärtige Coca Cola – keine augenfälligen US-amerikanische Produkte entdecken. Das Embargo hält. Und noch immer laufen weltweit Organisationen zur Unterstützung von Kuba dagegen Sturm. Doch viele Kubaner wollen Obama glauben, wenn er sagt, er kann ohne den Kongress zwar nicht das komplette Embargo kippen, aber einzelne Bestandteile schon. „Dann ist es wie eine leere Flasche", sagt Juan Carlos.

Vom Weihnachtsrummel, wie wir ihn kennen, ist in den ersten Dezembertagen nicht viel zu spüren, höchstens indirekt. Niemand hat Zeit, denn allenthalben sind in den Betrieben und Firmen die Weihnachtsfeiern vorzubereiten. Hier heißen sie allerdings Jahresendfeiern. Dazu müssen die Pläne fürs nächste Jahr konkretisiert werden. In den Geschäften stehen verloren einige künstliche Weihnachtstannen in den Ecken, mit Glitzerkugeln dekoriert, ab und an liegen auch Christbaumkugeln herum.

Mitte Dezember halten dann künstliches Weihnachtsgrün und Girlanden in den großen und kleinen Hotels Einzug. Ernestina hat den kleinen künstlichen Weihnachtsbaum ebenfalls aus der Versenkung geholt. Gleichzeitig hat sie bereits angekündigt, dass es ein großes Weihnachtsessen geben wird – wir seien eingeladen. Es folgte eine lange Aufzählung dessen, was sie alles zu kochen gedenkt. Ich habe nur die Hälfte verstanden. Wir? Ja, ich bekomme Familienbesuch aus Deutschland und freue mich sehr. Gegessen wird übrigens bei mir oben im Apartment, weil sich eine weitere Familie einfinden wird und der Platz unten nicht reicht.

Ansonsten geht das Leben in diesem warmen Dezember einfach weiter seinen Gang: Wir haben tagsüber oft um die 32 Grad. Wenn es nicht gerade regnet.

Allerdings sorgt das Festival des neuen Lateinamerikanischen Films für Glamour. An den Kinokassen bilden sich unglaublich lange Menschenschlangen, auch an Regentagen. Kultur jeder Art ist für Kubaner sehr preisgünstig zu haben. Das Programm ist eindrucksvoll. Allerdings hat es laut der täglichen Programmzeitschrift einige Pannen bei den Vorführungen gegeben. Die neuen Techniken seien unter anderem schuld daran, erklärt das Organisationskomitee und entschuldigt sich. Zentrum des Festivals ist das Hotel Nacional, doch von funkelnden Stars und Glamour ist hier wenig zu spüren. Dafür stehen zu viele Baugerüste herum: Weihnachtsanstrich.

Auch ohne cineastischen Glanz sind die Nächte von Havanna etwas Besonderes. Die Zeit, in der die Stadt ihr Kleid aus Lichtern anlegt, beginnt ähnlich früh wie bei uns.

Nun ist Havanna am schönsten. Die Dunkelheit legt gnädig ihren Mantel über die unübersehbaren Anzeichen des Verfalls, die Schrunden, die die Zeit hinterlassen hat. Und dort, wo die Lichter glitzern, sehen die alten Villen und Paläste aus der Kolonialzeit aus wie ein Traum aus längst vergangenen Tagen.

Dann bin ich gerne in der Gegend um den Prado und den Parque Central unterwegs, zumal dort die Touristendichte über die Weihnachtsfeiertage nicht ganz so hoch ist wie in den Einkaufsstraßen von Habana Vieja, zum Beispiel in der Calle Obispo, die ich in diesen Tagen meide, zumal die Preise dort proportional zur Anzahl der Touristen quasi täglich bis hin zum Wucher steigen.

Statt mit einer *machina* oder dem Bus zu fahren, entscheide ich mich meist, den Tag zu Fuß zu verabschieden, und schlendere von meiner *casa* aus durch die engen Gassen wie die Calle Colón oder die Neptuno abseits des Malecón in Richtung Prado. Gassen, in die sich kaum Touristen verirren. Wenn die Dämmerung auf die Stadt niedersinkt, öffnen sich die Türen der Häuser und bieten Einblicke in die Wohnwelten der Menschen. Auch dort liegen Verfall, Rettungsbemühungen und die Kunst des Überlebens nah beieinander.

Aus einer Wohnung tönen wilde Trommelrhythmen. Menschen aus der Nachbarschaft stehen an den offenen Fenstern. Ich geselle mich mit etwas Abstand dazu und beobachte, wie junge und ältere Weißgekleidete sich im Takt bewegen und klatschen, wie ein Babalawo mit einer Frau tanzt. Sie scheint eine Adeptin der Santería zu sein. Ich wage es nicht, danach zu fragen, fühle mich wie ein ungebetener Eindringling in die Intimsphäre mir fremder Personen, der ich wohl auch bin.

Also gehe ich weiter. Junge und Alte, Greise und Kinder sowie alle zwischendrin schlendern auf den löchrigen Gehwegen entlang als wären es Boulevards. Hin und wieder überholen mich Schönheiten in engen kurzen Kleidern. Und dann öffnet sich die Seitenstraße hin zum beleuchteten Prado, dem Sinnbild für die Vergänglichkeit des Luxus.

Es ist zwar Nacht, aber die Bemühungen, die alte Pracht wieder aufleben zu lassen, sind auch jetzt zu sehen. Der Eingang des Hotels Sevilla, das durch das Baugerüst zum Prado hin eingeschnürt wirkt wie in ein Korsett, leuchtet in die Dunkelheit. Dann das Inglaterra. Musik klingt unter den Arkaden hervor. Andere junge Schönheiten warten auf reiche Freier, mischen sich manchmal unter die Taxifahrer, die ihrerseits ebenfalls auf möglichst reiche Touristen warten – auf solche, die nicht über den Preis feilschen wie ich.

Und wenn dann am nächsten Tag Olga Tañón, die puertoricanische Latinoröhre mit dem Rhythmus im Blut und der Begeisterung in den Augen, ein vor Jahren gegebenes Versprechen einlöst und nach Kuba zurückkommt und um drei Uhr nachmittags auf der Tribuna Antiimperialista José Martí ein kostenloses Open-Air-Konzert gibt, dann wird nach Tagen des Regens der Himmel blau, der Ozean glitzert, und eine frische Brise fährt in das Meer der Tausenden von Besuchern – mehr auf jeden Fall, als der Papst auf die Beine bringen konnte. Und nach anfänglichem Bangen funktioniert auch der große Bildschirm fürs Public Viewing. So etwas gab es bei der Messe des Papstes auf dem Platz der Revolution leider nicht.

An Benedikt, den deutschen Papst, erinnern sich die Menschen wegen der nahenden Weihnachtstage übrigens besonders oft. Als er nach Kuba kam, hat er dem kommunistischen Präsidenten Raúl Castro den 25. Dezember als arbeitsfreien Feiertag abgerungen.

Eine Woche vor Weihnachten ist das Nahen des 24. Dezember, der *nochebuena*, der Guten Nacht, aber dann doch zu sehen. Alle Hotels putzen sich jetzt mit Macht heraus, innen und außen. Vornehmlich werden die Decken gepinselt. Überall stehen Gerüste, die Farbe tropft, der Gang ins

Habana Libre gleicht derzeit einem Hindernislauf um die auf dem Boden ausgelegten Planen und Pappkartons herum und zwischen der tropfenden Farbe hindurch. Ich konnte bisher keinerlei Systematik ausmachen, wo genau gepinselt wird. Keine der unzähligen Deckenlampen ist abgeklebt. Also wird großflächig ausgespart.

Die Weihnachtszeit ist bekanntlich auch prädestiniert für gute Taten. Also gehe ich ins ICAP zu einer Solidaritätskundgebung für Kasachstan. Ich weiß zwar nicht genau, wozu dieses Land die Solidarität Kubas braucht, aber ich habe Maikel versprochen, zumindest mal aufzutauchen. Ich glaube, die im Institut für die jeweiligen Länder zuständigen Mitarbeiter – Maikel ist der Ansprechpartner für Deutschland – werden auch gemessen an der Zahl der Vertreter dieser Länder, die bei solchen Anlässen auftauchen. Ich verstehe bei den Reden natürlich nur Bahnhof und mache mich nach einer halben Stunde still vom Acker, vor allem, nachdem ich erfahren habe, dass die Kasachen meine Solidarität gar nicht nötig haben. Am ICAP wurde einfach gemeinsam mit den Freunden der kasachische Nationalfeiertag begangen.

In Althavanna tauchen hinter den Verkaufsständen am 23. die ersten Menschen mit Nikolausmützen auf. Am 24. sind sie überall da, wo die Touristen sind. Trotzdem wird mir nicht weihnachtlich zumute. Die Sonne strahlt von Himmel, ich verbringe den Tag mit meiner Familie am Strand von Santa María del Mar. Dort sind viel mehr Menschen als letztes Mal. Es geht aber auch ein ziemlicher Wind, das Meer brandet kräftig an den Sandstrand und zieht mir beim Zurückschwappen mehr als einmal den Boden unter den Füßen weg. Trotzdem ist es schön. Zumal ich in der Nähe ein Restaurant entdeckt habe, in dem wir für einen annehmbaren Preis ganz gut essen können.

Abends werden wir dann noch einmal verwöhnt. Ernestina hat mit Hilfe der Nachbarin und ihres Sohnes Raoúl ein tolles Weihnachtsessen zubereitet. Künstlerisch gestaltete Platten mit Blumen aus Salat, will heißen Gurken, Kohl, Tomaten, geschnitten und mit geriffelten Karotten dekoriert, warten auf uns, aber wie auf Kuba üblich ohne Salatsoße. Dazu wird kalter Nudelsalat mit viel Mayonnaise kredenzt, gebratene Hühnerbrust sowie Reis und schwarze Bohnen. Zuvor hat die Familie meine Loggia mit Blinksternen dekoriert. Doch als es so weit ist und alle Speisen nach oben zu mir transportiert sind, vergessen wir völlig, die Sterne einzuschalten. Weihnachten in der *familia* – wir reden, lachen, trinken Wein, essen zum Nachtisch leckeren Schokoladenpudding. Und ich muss an daheim denken, ziemlich wehmütig, denn bald ist meine Familie wieder weg.

Am 25. Dezember, als verspätetes Weihnachtsgeschenk, hat Juan Carlos eine gute Nachricht: Der Schwarze, die verschwundene Katze, ist wieder da.

Dann geht es auch nahtlos weiter, mit Ernestinas Einkaufszügen. Was ich nicht wusste – zu Neujahr werden hierzulande ebenfalls Geschenke verteilt. Bei mir muss es halt jetzt ohne gehen, meine sind alle weg, verteilt bei dem tollen Essen zu Heiligabend.

Und ich begreife in diesen Tagen, dass trotz dem Hoffnungsschimmer am Horizont immer noch Menschen Kuba verlassen wollen. Die Diskussion um die Migrationsproblematik wird immer heftiger und kreist wie bei uns um die Frage, wer politisch verfolgt ist und wer ein Wirtschaftsflüchtling. Die Route der Migranten funktioniert nämlich nicht mehr wie gehabt, es gab dazu eine Konferenz in Havanna. Üblicherweise nahmen die Migranten ein Flugzeug nach Ecuador, erklärt mir Juan Carlos. Für dieses Land brauchen Kubaner kein Visum. Dann haben sich die Menschen

nach Costa Rica durchgeschlagen, wo sie eine vorüberge-
hende Aufenthaltserlaubnis erhielten. Anschließend ging es
weiter auf dem Landweg durch halb Lateinamerika, also
Nicaragua, Guatemala, El Salvador ... Ziel waren Mexiko und
der Weg über die Grenze in die Vereinigten Staaten.

Zuerst hat Nicaragua dem einen Riegel vorgeschoben.
In Costa Rica sitzen inzwischen mehr als 6000 Migranten
in Herbergen fest und weitere 2000 entlang der Grenze.
Juan Carlos vermutet, dass die Offiziellen von Kuba und
die Regierung von Nicaragua hinter den Kulissen über das
Problem gesprochen haben und Nicaragua deshalb dicht-
gemacht hat. Dieser Tage nun war der Präsident von Costa
Rica auf Kuba. Und anlässlich einer Konferenz in Guatemala haben die Vereinigten Staaten zugesagt, dass sie weitere
Menschen aufnehmen. Sie sollen von El Salvador aus in die
Vereinigten Staaten ausgeflogen werden. Natürlich müssen
sie die Tickets bezahlen. Das Flüchtlingshilfswerk der Vereinten Nationen hat Zuschüsse zugesagt, sodass die Migranten für den Flug ab San Salvador, Essen und Unterkunft
„nur" rund 500 US-Dollar bezahlen müssen. Doch bisher hat
das wegen angeblicher juristischer Probleme bei der Flug-
linie nicht geklappt. Am Wochenende des 10./11. Januar soll
es so weit sein. Das „Gesetz der trockenen und der nassen
Füße", wie Juan Carlos es nennt, so etwas Ähnliches wie unsere Drittstaatenregelung, soll zudem überarbeitet werden,
und zwar dahingehend, dass Migranten künftig eine politische Verfolgung auch nachweisen müssen.

An einem Abend zwischen Weihnachten und Neujahr
begehrt eine junge Koreanerin weinend Einlass bei Juan
Carlos und Ernestina. Sie sei verheiratet, erzählt Ernestina.
Doch ihr Mann sei in Korea geblieben. Wir wundern uns
ein wenig. Meine Vermieter haben der jungen Frau schon
zweimal bei der Suche nach einem Zimmer geholfen. Doch

jedes Mal ist sie wiedergekommen. Sie fühle sich dort nicht sicher, erklärt sie, berichtet von Diebstählen, sogar von sexueller Belästigung. Doch zur Polizei gehen will sie nicht. Ob sie denn nicht bitte doch in diesem Haus wohnen könne. Nur da fühle sie sich sicher. Es hilft nichts, dass meine *familia* darauf hinweist, dass das Apartment schon belegt sei und ich außerdem Übernachtungsgäste hätte. Sie brauche auch nur ganz wenig Platz, erklärt sie. Fast tut sie mir leid. Doch meine Sofas sind alle besetzt. Bald darauf erfahre ich von Ernestina, dass die junge Frau heimgeflogen ist.

Das Jahr 2015 klingt für mich wunderbar aus. Ein Freund aus Deutschland und ich beschließen den Silvesterabend sündhaft teuer mit Besuch, Essen und Show im Cabaret Parisien im Hotel Nacional. Natürlich gewarnt von meiner *familia*, dass wir mit der Heimkehr bis nach ein Uhr warten sollten. Denn bis dahin schütten die Menschen Wasser auf die unter ihren Fenstern Vorübergehenden. Das kann dann auch schon mal Putzwasser sein. Ansonsten bleibt es vergleichsweise ruhig, keine Knaller und Böller bis in die frühen Morgenstunden wie in Berlin. Das versöhnt mich mit dem Putzwasser, zumal wir bei dem Programm und anschließendem Tanz keine Probleme haben, bis nach ein Uhr durchzuhalten. Wir bekommen von den Wasseraktionen nur noch die nassen Flecken auf dem Bürgersteig mit, als wir uns leicht weinselig und müde getanzt auf den Heimweg machen. Kaum sind wir an der *casa* angekommen, wird auch schon die Türe aufgerissen. Ernestina hat uns erwartet. Am nächsten Morgen erzählt mir Juan Carlos, dass sie sich geweigert habe, ins Bett zu gehen, bevor sie nicht sicher gewesen sei, dass wir gut heimgekommen sind.

Januar

BEVOR WIR GEMEINSAM INS NEUE JAHR GEHEN, sollte ich vielleicht noch etwas zur kubanischen Zeitrechnung sagen. Nicht nur die Dynastien der ägyptischen Pharaonen hatten ihre jeweils eigene, auch die Kubaner haben sie und sind darin unerschütterlich: „¡Viva el Año 58 de la Revolución!", Bezug nehmend auf den Sieg der Rebellen am 1. Januar 1959. Diese „Datumsangabe" wird auf jedem offiziellen Dokument und jeder Zeitung neben der gregorianischen Jahreszahl angegeben. Und bereits Anfang 2016 ist klar, dass das Jahr 58 der Revolution kein leichtes werden wird. Als sich Kubas Parlament in den letzten Dezembertagen traf, wurde als BIP-Wachstumsziel zwei Prozent genannt, die Hälfte des erreichten Wertes von 2015. Und dabei sollte Kubas Wirtschaft doch mindestens fünf bis sieben Prozent pro Jahr zulegen, damit der Teufelskreis aus niedriger Produktivität, die zu niedrigen Löhnen führt, durchbrochen wird. Die Liste der Gründe für das geringe Wachstum ist kurz, plausibel und frustrierend zugleich: schwierige außenpolitische Umstände (die Krise in Venezuela), fallende Weltmarktpreise und ungünstige klimatische Bedingungen wie die Dürre, durch die es Ernteeinbußen gab.

Der Tourismus boomt allerdings. Die „New York Times", eine nicht ganz unwichtige Zeitung für die Vereinigten Staaten, macht Werbung unter dem Titel „24 Stunden Havanna". Dreizehn Tipps für touristische Ziele sind beigefügt. Das Revolutionsmuseum in der Altstadt, das angeblich trendige Restaurant El Cocinero mit der ebenso trendigen Fábrica de Arte Cubano, die Bar Siá Kará mit Pianomusik um Mitternacht. Einen Frappuccino Cubano sollte man am nächsten Tag im Café Mamainé trinken. Weiter geht es mit Kunst im 331 Art Space in einem renovierten Haus aus dem Jahr 1941 mit Ausstellungen junger Künstler und anschließendem Tagesausklang im Café Laurent nicht weit vom Hotel Capri entfernt. Dann das Restaurant Rio Mar in Miramar, das Menü für 75 CUC für zwei Personen. Ziemlich teuer für meinen Geschmack. Ich bevorzuge einfachere, aber günstigere Hinterhofrestaurants wie das Amena in Vedado. Dort gibt es alles, was Kuba an guten Sachen zu bieten hat, inklusive Hummer und Garnelen. Für ein Drittel bis die Hälfte des Preises, inklusive Getränke. In Miramar ist auch die Casa de la Musica angesiedelt. Aber den besten Tipp gibt es kostenlos. Nicht umsonst, denn an Wochenenden herrscht dort unglaubliches Gedränge: der Malecón. Außerdem behauptet die „New York Times", Habaneros gingen in Guanabo an den Strand um zu baden. In Massen.

Mein Geheimtipp: Nehmen Sie von der Rampa den Bus 195 nach Guanabacoa. Steigen Sie nach dem Tunnel aus, gehen Sie über die Straße und ein Stück in Richtung Althavanna zurück bis zu einer kleinen Straße. Sie führt hinunter zur Felsenküste, vorbei an den Relikten eines alten Turms. Die Wellen branden, die Gischt spritzt. Und wenn Sie dann noch ein kleines Stückchen weitergehen, kommen Sie an einen nicht allzu langen Sandstrand. Dort ist niemand. Aber auch keine Dusche, keine Toilette, kein Kiosk. Nur Natur. Und wenn Sie dann auch noch Kultur brauchen: Auf der anderen Seite, dort wo Sie angekommen sind, führt ein Weg hinauf zur Festung Los tres Reyes del Morro, zur Casa Blanca und zu San Carlos de la Cabaña, wo zwischen dem 11. und dem 21. Februar auch die Buchmesse, die *Feria Internacional del Libro* stattfinden wird. Besonders stolz bin ich natürlich darauf, dass ich eingeladen worden bin, am

20. Februar zu lesen, allerdings nicht in der Cabaña, sondern im Saal Rubén Martínez Villena der UNEAC, gelegen im Paradiesgarten der Künstlervereinigung. Mein Übersetzer wird Jesús Írsula sein, der auch gerufen wird, wenn internationale Delegationen auf Kuba eintreffen, was sie derzeit fast jeden Tag tun. Präsident Raúl Castro kommt mit dem Händeschütteln kaum nach.

Eine richtig gute Reisezeit für Touristen sind die Tage um Weihnachten und Neujahr herum jedoch nicht. Die Preise steigen, das Wasser ist fast überall ausverkauft, wer in seinem Apartment selbst kochen wollen sollte, bekommt gleich zu Anfang des neuen Jahres die volle Breitseite sozialistischer Verteilungsprobleme ab. Es sei denn, er ist sehr bescheiden. Das gilt natürlich auch für die Bevölkerung, die das tapfer erträgt, jedoch nicht begeistert ist, dass die Versorgung der Touristen in den großen Hotels Priorität genießt. Obwohl die meisten einsehen, dass die Insel diese Einnahmen braucht. Und die Rate an Kleinkriminalität steigt, insbesondere in den Touristenzentren wie Habana Vieja. Die Zahl der eingesetzten Polizisten ist zwar ebenfalls sichtbar erhöht, an bald jeder Ecke steht einer, aber alles können sie auch nicht verhindern. Und die Haustürglocke meiner *casa* meldet sich fast stündlich. Immer wieder stehen Menschen mit Rucksäcken davor, die verzweifelt eine Übernachtungsmöglichkeit suchen. Juan Carlos und Ernestina helfen, wo sie können, telefonieren die ihnen bekannten Vermieter ab, doch es gelingt ihnen nicht jedes Mal, ein Zimmer aufzutreiben.

Und dann, nur wenige Tage nach Neujahr, ich hätte nie gedacht, dass ich während meines Aufenthalts auf Kuba dieses Wort doch noch einmal schreiben würde: KALTFRONT! Eine Kaltfront hat sich über dem Golf von Mexiko gebildet, zieht über Kuba hinweg und beschert uns nicht nur Regen, sondern auch einen Temperatursturz um gefühlte 20 Grad. Zumindest meiner Einschätzung nach, ich habe kein Thermometer. Abends in den Nachrichten behauptet der Wettermann, morgen bekommen wir im Westen der Insel wieder bis zu 26 Grad. Nachts kühlt es angeblich auf bis zu 15 Grad ab. Das kommt mir aber kälter vor. In Deutschland allerdings herrschen derzeit Minusgrade.

Außerdem kaufen die Kubaner, zumindest diejenigen, die Kinder und Geld haben, schon wieder Spielzeug für Geschenke ein: Die gibt es hier für die Kleinen offenbar auch zu Dreikönig, also am 6. Januar. Und mich beschleicht langsam der Verdacht, dass die Menschen der Insel mit den katholischen Feiertagen sehr großzügig umgehen. Auch wenn sie arbeiten müssen, werden sie zumindest genutzt, um familienintern zu feiern.

Allerdings ist weiter Schmalhans Küchenmeister. Beim CUP-*mercado* an der 17. sind die Luftlöcher wesentlich größer als das Angebot. Gestern Nacht kam Ernestina bei mir vorbei und hat mich aus dem Schlaf gerissen, beziehungsweise so lange gerufen, bis ich aufgewacht bin, um mir mitzuteilen, was ich aus eigener Erfahrung schon wusste. Selbst die CUC-Läden sind noch immer ziemlich leer. Wie ich hatte sie gehofft, dass die Versorgungslage nach den Feiertagen wieder besser würde. Aber nichts da.

Der Preis für die *libra*, das Kuba-Pfund Tomaten, hat sich fast verdoppelt. Die steigenden Preise für Obst und Gemüse sind inzwischen sogar ein Diskussionsthema in der Nationalversammlung. Zwar durften die Landwirte der Hauptstadt sowie der angrenzenden Provinzen Artemisa und Mayabeque den Großteil ihrer Produktion seit den Landwirtschaftsreformen 2013 frei vermarkten, doch das Ergebnis ist nicht ermutigend, den Reibach machte nämlich die wachsende Zahl der Zwischenhändler. Während die

Bauern noch immer ohne gutes Saatgut und ausreichend Dünger auskommen müssen, die Produktionsbedingungen nahezu unverändert blieben, stiegen unter anderem deshalb die Preise für den Endverbraucher immer mehr – durchschnittlich zwanzig Prozent pro Jahr seit 2012, die Inflation nicht eingerechnet.

Zum Jahreswechsel 2015/16 nun begann das Problem der Lebensmittelpreise immer krassere Züge anzunehmen. Das Murren der Menschen wurde lauter. Und die Regierung zog die sozialistische Notbremse: Innerhalb weniger Tage wurden für viele Produkte Preisobergrenzen eingeführt, längst geschlossene staatliche Märkte wieder eröffnet und in jedem der 105 Verwaltungsbezirke der Hauptstadt die staatliche Lebensmittelverteilung wiederhergestellt. Der Staat begann wie in alten Zeiten im großen Stil Nahrungsmittel aufzukaufen und zu festen Preisen an die Bevölkerung abzugeben. Auf den übrigen „freien Märkten" darf ein halbes Pfund Zwiebeln jetzt nicht mehr als sechs kubanische Pesos kosten.

Und weil wir gerade beim Geld sind, also bei CUC und CUP: Die Ankündigung der Regierung, dass beide Währungen zusammengelegt werden sollen, ist nun fast genau ein Jahr alt, der CUC soll verschwinden. Aber noch immer kennt niemand ein Datum, noch immer weiß niemand, wie genau das geschehen soll. Die meisten Kubaner, die ich dazu gesprochen habe, sind jedenfalls skeptisch, viele glauben, dass dann das Leben noch einmal teurer wird. Und auch für Investoren dürfte das ein wichtiger Faktor sein.

Derweil hat die EU noch mehr Annäherung beschlossen, und Unilever das Grundstück mit der Nr. 55 in der Sonderwirtschaftszone Mariel gekauft. Die Regierung Kubas hat nämlich die Gründung eines Gemeinschaftsunternehmens zwischen dem anglo-niederländischen Hersteller von

Verbrauchsgütern und der kubanischen Firma Intersuchel genehmigt. Das Joint Venture soll unter dem Namen Unilever Suchel S. A. agieren. Und der deutsche Vizekanzler mit dem Vornamen Sigmar und meinem Nachnamen weilt mit einer großen Wirtschaftsdelegation im Land.

Maikel Veloz vom ICAP war zusammen mit Vertretern verschiedener kubanischer Institutionen beim Empfang dabei und beeindruckt von der massiven deutschen Präsenz. Es gibt aber auch andere Stimmen. Sigmar Gabriel ist mit rund sechzig Personen angerückt, fast alle erhoffen sich gute Geschäfte. Vor allem, wenn die EU die Zollhindernisse lockert. Ein kubanischer Freund nannte das geballte Auftreten der Deutschen eine „imperialistische Invasion". Ich habe mich selbstredend beeilt, ihm zu versichern, dass Deutschland keine imperialistischen Bestrebungen hat. Er hält die SPD trotzdem für eine Partei, die den Kapitalismus unterstützt. Dass die deutschen Sozialdemokraten früher eine Arbeiterpartei waren, kann er sich nicht vorstellen. Ich bestehe darauf. Mein Gesprächspartner bleibt eine Weile stumm. Schließlich sagt er zögernd: „Da war doch dieser Berliner Bürgermeister und spätere Kanzler, ich weiß den Namen nicht mehr ..." „Willy Brandt", assistiere ich. Er nickt und sieht wieder etwas fröhlicher aus.

Und weil wir schon bei den Gabriels sind: Wenn ich mir die Karte Kubas anschaue, bleibt mein Blick immer wieder an einem Ort hängen, der ebenso heißt: El Gabriel, rund sechzig Kilometer Richtung Karibikküste. Ich überlege, ob ich dort hinfahre, zumal ich erst neulich von einer kubanischen Historikerin, ebenfalls Mitglied der Künstlervereinigung UNEAC, erfahren habe, dass es unter Batista auf Kuba auch schon mal eine Familie namens Gabriel gab. Oder besser Gabrielzcyk oder so, eingewandert aus dem heutigen Polen. Sie hatten ein Kaufhaus und eine Reiseagentur, ehe sie nach Amerika ausgewandert sind. Mein Großvater kam einst aus Niederschlesien nach Berlin. Ich sehe schon, ich habe noch viel Recherchearbeit, wenn ich heimkomme.

Die Nachbarn gegenüber feiern trotz der Kaltfront bei sperrangelweit geöffneten Fenstern eine Santería-Party. Gut, vielleicht ist der Ausdruck Party für die Anrufung der Götter nicht der richtige. Ernestina versäumt es in solchen Fällen auch nie, darauf hinzuweisen, dass „man Gefährliches damit anstellen kann", was auch immer sie mit dem „damit" meint. Mir kommt das, was da geschieht, eher anziehend vor und voller Lebensfreude. Trommeln, Musik, Gesang, Lachen. „Das machen sie manchmal auch woanders hier in der Gegend", erklärt Juan Carlos, der Ernestinas Skepsis nicht teilt. Nicht, weil er ein Anhänger der Santería wäre, sondern weil er nicht an Götter glaubt.

Gegenüber tanzen und winden sich jedenfalls die Weißgekleideten zu wilden Trommelklängen, meist Frauen, eng gedrängt in einem kleinen Raum. Die Yuma schaut sich das von der Dachterrasse gegenüber aus an, findet den Rhythmus ansteckend und ist dennoch, trotz Zuckungen in den Beinen, einigermaßen erschöpft von den Feiern zum Jahreswechsel: Glauben kann ganz schön anstrengend sein. Genau in diesem Moment lehnen sich zwei junge Frauen aus dem Fenster, lachen, plaudern und zünden sich jeweils eine dicke Zigarre an. Rauchwölkchen steigen zu den Orishas empor. Ich vermute, das gefällt ihnen.

Kurz darauf trippelt (ja, er trippelt) in seinen Turnschuhen mit Regenjacke, darunter Shirt, Shorts, Socken, Sandalen und darüber ein Rucksack, ein dickbäuchiger Tourist mit Alterstonsur unten auf der Straße vorbei, hält inne und zückt sein Handy zum Filmen. Er hat ganz offensichtlich weniger Bedenken, ein unerwünschter Zuschauer zu sein, als ich neulich auf meinem Weg zum Prado.

Apropos Straße: Ernestina hat sich doch noch überwunden, wegen ihrer schmerzenden Krampfadern ins Krankenhaus zu gehen, Juan Carlos hat sie gefahren. Und dabei gab es einen Unfall. Ich habe Ernestinas aufgeregtem Wortschwall nur entnehmen können, dass der andere schuld war. Er hatte offenbar so intensiv Musik gehört, dass er das Hupen von Juan Carlos nicht hörte. Also wurde die Polizei geholt.

Eigentlich ist nicht viel passiert. Das linke Vorderlicht musste dran glauben, der Kotflügel ist leicht demoliert. Alles wurde schon gespachtelt und notdürftig lackiert. Das kaputte Licht ist hier jedoch eine mittlere Katastrophe. Es dauert fast den Rest des Tages, bis Ersatz aufgetrieben ist. Und Juan Carlos und sein Stiefsohn Raoúl sind die übrigen Stunden bis zum Hereinbrechen der Dunkelheit (zur Erinnerung, die kommt um diese Jahreszeit ähnlich früh wie bei uns) damit beschäftigt, das neue Vorderlicht einzubauen, das irgendwie nicht so recht passen will. Aber ich bin zuversichtlich, sie bekommen das hin. Der Unfallgegner ist schlechter dran. Seine Unaufmerksamkeit bedeutet für ihn neben den Kosten ein Jahr Führerscheinentzug, wenn ich Ernestina richtig verstanden habe. Hier auf Kuba herrschen offenbar harte Sitten.

Außerdem hat Juan Carlos auf sofortige Bezahlung des Schadens bestanden. Den Grund dafür erklärt er mir natürlich wieder in Form einer längeren Geschichte: Vor etwa zwölf Jahren hatte er schon einmal einen Unfall. Da hat er ebenfalls die Polizei geholt. Wenn der Unfallgegner schuld ist, aber nicht zahlen kann, springt die staatliche Versicherung ein. Theoretisch. Praktisch hatte sie im Fall von Juan Carlos erst kein Geld und vertröstete ihn. Er solle doch in einem Monat wiederkommen, hieß es. Das tat er. Im nächsten ebenfalls und auch in dem darauf. Irgendwann gab es dann Geld. Aber von der Schadenssumme behielt die staatliche Versicherung zwanzig Prozent ein. Für ihre Bemühungen. Ich wiederhole es, das ist eine Erzählung von Juan Carlos. Ich konnte sie nicht nachprüfen.

Kubaner reden gern. Noch viel lieber monologisieren sie. Die meisten, die ich kennengelernt habe, sind leidenschaftliche und ziemlich begnadete Selbstdarsteller, erzählen blumig und lang aus dem eigenen Leben.

Die Redefreude gilt offenbar auch für die Präsentation von Autoren. Ich war bei einer. Nach eindreiviertel Stunden Lobeshymnen auf den sichtlich bewegten (oder genervten, ich konnte das nicht so recht feststellen, er versteckte sein Gesicht hin und wieder hinter seiner Hand) Autor durch seine sicherlich fachlich kompetenten Freunde war ich ziemlich erschöpft. Jesús David Curbelo. Der Name fiel in einem Atemzug mit denen von Sokrates, Boccaccio, Victor Hugo. Weshalb, das habe ich nicht verstanden. Die Bände mit seinen Werken, die in einer Vitrine ausgestellt waren, sind, gemessen an den langen Reden, eher als schmal zu bezeichnen.

Der Autor selbst hat dann noch zehn Minuten Gedichte vorgelesen, von denen ich aufgrund meiner mangelnden Sprachkenntnis ebenfalls nicht sagen kann, ob sie gut sind oder nicht. Ich war ihm aber sehr dankbar, dass er es bei zehn Minuten belassen hat. Ausrichter der Veranstaltung war übrigens die Buchkammer Kubas.

Wie man auf Kuba Autor wird? Paolo, ein Freund von Juan Carlos, schildert es so: Die UNEAC, besser, die Sektion der Schriftsteller der Vereinigung der kubanischen Künstler, und die Buchkammer beurteilen die Manuskripte und dann noch ein Zuständiger der Partei. Falls der Text also angenommen wird, druckt ihn eine staatliche Druckerei. Aber auch die ebenfalls staatlichen Verlage können ein Manuskript ablehnen – es gibt verschiedene für die verschiedenen Marktsegmente. Die UNEAC betreibt übrigens auch Verlage, sagt Juan Carlos.

Und wovon leben Schriftsteller auf Kuba? Hauptberufliche gibt es ebenso wenige wie bei uns. Wessen Manuskript für gut zum Druck befunden wird, muss einen Vertrag unterschreiben, durch den er die Rechte an seinem Text abgibt, erklärt Paolo, der Schriftstellerfreund von Juan Carlos. Das gelte auch für die Auslandsveröffentlichungen.

Allerdings gibt es auch hier Schriftsteller, die bei den Verlagen einen Stein im Brett haben, weil sie sich gut verkaufen, weil sie Preise bekommen haben ... Juan Carlos sagt, da das Verlagswesen staatlich sei, werde nur geduckt, was politisch ins Konzept passe. Er empfindet das als Zensur.

Juan Carlos ist ein unveröffentlichter Schriftsteller. Er hat allerdings vier Ausgaben des Buches eines Freundes über Batistas Gefängnisse, das er lektoriert hat, auf eigene Kosten drucken lassen. Das geht. Aber nur in nicht relevanten Stückzahlen. Die Schreibenden der westlichen Welt haben die Chance, auf eigene Kappe zu veröffentlichen, ohne Zensur, ohne große Kosten. Der E-Book-Markt macht es möglich. Und diese Chance hat Juan Carlos nicht. Oder nur auf Umwegen. Es ist nicht schwer, einen Stick außer Landes zu bringen. Und Juan Carlos hat Beziehungen – zum Beispiel zu seiner Familie nach Amerika. Ich weiß nicht, warum er es bisher nicht getan hat.

Die nächsten Monate, möglicherweise bis April, werden mit hoher Wahrscheinlichkeit auf Kuba stürmisch und regnerisch. Der „Super-El-Niño", der seit März 2015 beobachtet wird, soll bis dieses Frühjahr seine Auswirkungen auf das Weltklima zeitigen, besonders im Pazifik. Das meldet dieser Tage wieder einmal das Klimazentrum des meteorologischen Instituts Kubas (Centro del Clima del Instituto de Meterliologíca). Die Auswirkungen der Meeresströmung sollen demnach besonders in Südamerika, aber auch in Indonesien und Afrika zu spüren sein. Eine dieser Auswirkungen hatten wir bereits: 2015 war auf Kuba der heißeste Sommer seit 1951, auch November und Dezember waren wärmer als gewohnt. Und dann, schon kurz nach der Veröffentlichung der Wetterwarnung des Klimazentrums, bricht die Sintflut los. Gischt brandet tosend gegen den Malecón, die Fahrbahnen sind unpassierbar, Sturzfluten verwandeln Teile der Straßen Havannas in Bäche. Und ich verkrieche mich im Haus.

Februar

Jetzt war ich nur kurz in Deutschland, um vor meiner letzten Etappe alle heimischen Behördenwünsche abzuarbeiten, und schon hat sich in meinem kubanischen Viertel einiges verändert. Die neue „Einkaufsmall" auf dem Weg zum Hotel Habana Libre (Calle 25 zwischen den Straßen M und N) ist fertig, kleine Häuschen, ein gepflastertes Gelände drum herum mit lustigen bunten Figuren. Das Areal mit einem Dutzend Geschäften, Bars und Restaurant inklusive einer Hüpfburg und einem Wasserbassin für Kinder stellte bei der Planung eine Novität für Kuba dar, wie die Chefin des Café Nana erzählt. Gelände und Häuser gehören der Regierung, die Betreiber der Geschäfte sind Privatpersonen. Sie zahlen Pacht. Und weil das so sei, herrsche in den Amtsstuben noch Verwirrung, wie diese neue Form der Kooperation zwischen Privatunternehmern und Regierung zu verwalten sei. Mehr als vierzehn Tage nach der Eröffnung hat Nana noch immer keinen Pachtvertrag vorliegen. „Aber immerhin", sagt sie, „wir haben geöffnet." Vom ersten, inzwischen geänderten Konzept bis zum Eröffnungstag hat es vier Jahre gedauert.

Fast zeitgleich mit mir ist übrigens der russische Patriarch Kirill eingeschwebt. Papst Franziskus ebenfalls, er ist auf dem Weg nach Mexiko. Die Kirchenoberhäupter haben sich als *hermanos*, als Brüder getroffen und verkündet, dass sie künftig viel miteinander darüber reden wollen, wie das Leben der Menschen besser werden kann. *Papa* Franziskus hält die Kubaner für ein „besonderes" Volk und ist jetzt schon zum dritten Mal in den letzten Monaten auf der Insel.

Die Kubaner freuen sich. Und haben zu kämpfen. Denn die Preisschraube dreht sich in der Hauptstadt immer weiter. Auf dem Land ist das kubanische Pfund Tomaten für fünf CUP zu haben. In Havanna Anfang Februar für 25, manchmal sogar 30. Als ich in den Abendnachrichten einen Bericht darüber sehe, muss ich an den alten Kubaner denken, von dem mir ein Freund erzählt hat. Er repariert durchgelegene Matratzen und lernt nebenher, ganz auf sich gestellt, Japanisch. Einmal nach Japan zu kommen, das ist sein großer Traum.

Die Entwicklung in Sachen „Normalisierung" zwischen Kuba und den Vereinigten Staaten hat unterdessen gehörig Fahrt aufgenommen. Eine amerikanische Firma hat die Lizenz erhalten, Traktoren in der Sonderwirtschaftszone Mariel zu produzieren. Eine hochrangige kubanische Delegation weilt in Amerika und eine amerikanische auf der Insel, sogar Kongressabgeordnete (der Demokraten *und* der Republikaner) kommen inzwischen. Die Australier sind ebenfalls interessiert. Bald wird es 110 Flüge täglich von den USA aus nach Kuba geben, zwanzig nach Havanna und die anderen zu den verschiedenen Flughäfen des Landes.

In meiner *casa* lebt derzeit ein Ehepaar aus New York, das das „alte Kuba" noch erleben will. Ich bin früher zurückgekommen als gedacht und deshalb vorerst ausquartiert, kann aber bald wieder heim. Für den Anfang lebe ich in einem Apartmenthaus, dessen uralte Briefkästen zeigen, dass es schon andere Zeiten gesehen hat. Die Wohnungen sind aber hell und modern. Außerdem hat hier einst das 8. Komitee zur Verteidigung der Revolution residiert, wie ein verblichenes Schild neben dem Lift verkündet. Vermieterin ist eine Ärztin, ihr Fachgebiet: Geriatrie. Auf Kuba würden die Menschen immer älter, manche sogar hundert, sagt sie.

Die US-Regierung hat inzwischen die Lockerung weiterer Beschränkungen für den Handel mit Kuba bekanntgegeben. Demnach sollen bestimmte Teile der seit 1963 bestehenden Cuban Assets Control Regulations flexibler gestaltet werden, um den Zahlungsverkehr und den Export von US-Produkten zu erleichtern. Dies beinhaltet auch US-amerikanische Waren, die in Drittländern hergestellt wurden, sowie die Akzeptanz staatlicher kubanischer Unternehmen als Handelspartner, berichtet die kubanische Nachrichtenagentur „Prensa Latina".

In der „New York Times" vom 26. Januar hieß es dazu: „Die überarbeiteten Regeln ermöglichen US-Banken die direkte Finanzierung der Ausfuhr von Erzeugnissen mit Ausnahme von landwirtschaftlichen Gebrauchsgütern, welche weiterhin dem Handelsembargo unterliegen." Präsident Barack Obama nutze seine administrativen Befugnisse, um die Beziehungen mit Kuba zu normalisieren. Dies dürfte auch damit zusammenhängen, dass Obama vor Ende seiner Amtszeit die Karibikinsel besuchen möchte, meint die US-amerikanische Tageszeitung. Und er kommt, Außenminister John Kerry bereitet den Besuch vor. Am 21. und 22. März wird Obama über Menschenrechte, Handel, bilateralen Austausch und natürlich das Embargo reden. Dieser erste Besuch eines amerikanischen Präsidenten auf Kuba seit 88 Jahren ist ein wahrhaft historisches Ereignis. Und das auch noch in dem Jahr, in dem Fidel Castro 90 Jahre alt wird.

Die große Liebe werden die USA nach offizieller Lesart aber vorerst nicht werden. Kuba hat keineswegs vor, sich aus dem Verbund der bisherigen befreundeten Staaten wie Russland, China, Vietnam, Kambodscha, Korea und den anderen lateinamerikanischen Nachbarn zu lösen.

In meiner *casa* zurück, ereilt mich eine Überraschung. Es ist an einem Samstag, ich bin noch im Nachthemd. Plötzlich höre ich einen durchdringenden Lärm, und gleich darauf dringt dichter Nebel durch alle Ritzen meines Apartments. Da kommt Juan Carlos eilig nach oben und löst das Rätsel auf: Die Kammerjäger sind unterwegs, sie sprühen Gift in alle Häuser, um die Moskitos zu töten. Diese übertragen das für Schwangere so gefährliche Zika-Virus. Es wird weitere solche Aktionen geben, nächste Woche zum Beispiel. Angeblich soll das Gift für Menschen nicht gefährlich sein. Die Regierung hat eine Kampagne zur Ausrottung der Moskitos ausgerufen. Jedes Haus, jede Fabrik, alle Landkommunen müssen dafür sorgen, dass Brutherde und folglich offene Wasserstellen verschwinden.

Kommen wir zu einem anderen Thema: Es ist internationale Buchmesse in Havanna, die 25. Und, wie sollte es auch anders sein, zwischen Kuba und den USA ist fast zeitgleich eine Vereinbarung zur Zusammenarbeit in Sachen Literatur beschlossen worden. Die Kubaner sind hungrig auf Bücher, also ist insbesondere an den Wochenenden stundenlanges Schlangestehen angesagt. Eine Buchmesse in einer alten Festungsanlage, das ist schon etwas Besonderes.

Und ich bin anlässlich der Messe im Garten der Villa des UNEAC in der 17. Straße mit Jesús Írsula zusammengekommen, wir wollen meine Lesung vorbereiten. Jesús gilt als einer der besten Übersetzer Kubas, hat auch gedolmetscht, als Sigmar Gabriel im Lande war. Darüber hinaus komme ich an diesem Tag nicht nur in den Genuss von (ziemlich viel) Cuba Libre, sondern auch von Begegnungen mit spannenden kubanischen Künstlern. Am Abend gibt eine der besten kubanischen Gruppen ein Konzert – Canela, eine reine Frauenband. Die Musikerinnen sind grandios. Canela heißt übrigens Zimt. Jesús erzählt, dass er für die Gruppe schon Tourneen in die halbe Welt organisiert hat.

Und dann zeigt er mir noch ganz nebenbei auf seinem Laptop Bilder von einem Kunst- und Kulturprojekt, das er plant: Mitten in einem riesigen Loch in einer eingebrochenen Straße in Vedado. Ich bin, wie schon so oft in dieser Zeit auf Kuba, von den Ideen, der Kreativität und dem Willen zur Veränderung, zu Gestaltung beeindruckt. Von Jesús habe ich ab sofort die offizielle Erlaubnis, in diesem wunderbaren Garten zu schreiben, er ist nämlich der Präsident der Übersetzer in der UNEAC. Palmen und Grün, karibisches Flair, wohin man schaut. Wer braucht da schon eine Finca wie Hemingway. Noch einmal kurz zu den Autos. Ich weiß inzwischen: Es *gibt* auf Kuba eine Art TÜV und zwar für Fahrzeuge, die bis 1960 gebaut worden sind. Und das sind viele der *machinas*, der Corvettes und Buicks, die sich schwarz rauchend auf den Straßen Havannas tummeln. Jedes Jahr einmal müssen sie (aber auch die staatlichen Fahrzeuge, die Jahrgang 1960 und jünger sind) eine technische Prüfung durchlaufen. Und da, sagt Juan Carlos, kommt es dann schon mal vor, dass die Eigentümer den Prüfern fünfzig CUC in die Hand drücken, um ihren Stempel zu bekommen. Das sei sogar durch die Presse gegangen. Also glaube ich es.

Bald muss ich von meinem Salsa-Lehrer Orestes Abschied nehmen. Die Frau von Orestes nickt mir freundlich zu, als ich komme, um *adiós* zu sagen. Sie redet nicht viel. Ich glaube, sie ist Tschechin, kleidet sich aber wie eine Kubanerin. Und sie geht inzwischen auch so. Obwohl manche das nicht glauben mögen, ich jedenfalls habe die Beobachtung gemacht, dass die Menschen verschiedener Völker verschieden gehen. In China tendieren sie dazu, zu schlurfen. In Kuba gehen die Menschen mit durchgedrücktem Rücken, die Brust heraus, wie man bei den Preußen so gerne sagt. Der Fuß wird an den Hacken aufgesetzt, die Kniekehlen ebenfalls durchgedrückt, der Hintern – besonders der Damen – schwankt dadurch von sanft bis heftig. Alles zusammen ergibt eine Art fließende Bewegung. Ich bemühe mich nach Kräften, sie nachzuahmen, aber ich habe den Verdacht, nach wie vor hält mich niemand für eine Kubanerin.

Doch zurück zu Orestes: Sein Studio und seine Wohnung liegen in einem alten fünfstöckigen, zur Zeit der Spanier errichteten Haus mit einem Säulenportal zum Malecón hin. Viele alte Häuser und manche neuere in dieser Stadt haben Säulen. Deswegen wird Havanna auch die Stadt der Säulen genannt. Manche der Marmorstufen im ziemlich heruntergekommenen Treppenhaus sehen aus, als hätte ein Monster sie angebissen. Insgesamt sind es 149, das hat ein kluger Mensch in die Stufen eingraviert. Oder ein nicht so kluger, denn solche Zahlen können demotivierend sein, wenn man Probleme beim Treppensteigen hat. Das Tanzstudio residiert im ersten Stock. In der Zwischenetage „steht" der Aufzug. Auch er stammt meiner Meinung nach noch aus der Kolonialzeit. Die eiserne Tür und die antiquierte Technik lassen mich das jedenfalls vermuten. Und in diesem Kasten sitzt fast immer eine Frau. Eine sehr alte Frau. Sie thront einfach auf ihrem Stuhl, liest oder beobachtet verstohlen die Vorübergehenden. Ich bin mir sicher, sie kennt jeden und jede, die in diesem Haus aufkreuzen.

Anfangs hatte ich ja den Verdacht, dass sie in diesem Aufzug wohnt. Doch nach meinem vierten Besuch stellte ich fest, dass sie durchaus eine Aufgabe hat. Und die besteht darin, den Aufzug in Bewegung zu setzen. Soweit ich das bei meinen diversen Besuchen feststellen konnte, passiert das nicht oft. Denn die meisten scheinen den Stufen, wie kaputt sie auch immer sein mögen, mehr zu vertrauen als dem Lift. Was ich durchaus verstehen kann. Aber gut, ich musste ja auch nicht bis ganz nach oben. Und schon gar nicht beladen mit irgendwelchen Einkäufen oder gar Wasserflaschen beziehungsweise Getränken.

In meiner *casa* habe ich auch einen für mich überraschend großen Nachteil des auf Kuba real existierenden Kommunismus oder Sozialismus ausgemacht. Mir fehlt die christlich inspirierte Sonntagsruhe. Nichts mit Ausschlafen, Faulenzen. Noch nicht einmal nach Ernestinas Geburtstagsfeier gestern Abend, zu der auch ihre Freundin Martha kam. Sie hat zusammen mit Sohn Raoúl gekocht, während Ernestina, gestylt und herausgeputzt, durch Havannas Straßen schlenderte. Einen ganzen Tag lang hat sie sich vorwiegend um sich selbst gekümmert, war aufgeregt wie ein kleines Kind und am Abend aufgetakelt, als ginge es in einen Nachtclub: „Schau mal, ich gehe auch ins Cabaret", meinte sie strahlend, schüttelte die langen, diesmal offen wallenden Haare, die Ohrringe klimperten, während sie auf den goldenen High Heels mit sehr beweglichem Hinterteil durch die Küche stakste.

Aber ich bin am nächsten Morgen noch müde, hatte mich auf einen ruhigen Sonntag gefreut, an dem in der Nachbarschaft keine Schulglocke läutet und es morgens noch einigermaßen still ist. Doch meine Vermieter kennen da keine Gnade. Um acht Uhr werde ich durch Rumpeln, Scheppern und Stimmen aus dem Schlaf gerissen. Juan Carlos und Ernestina sind oben bei mir. Letztere erteilt lautstark Anweisungen (Ernestina redet selten leise), Juan Carlos wühlt in seiner Werkzeugkiste (Juan Carlos wühlt selten leise), die sich in einem Schrank im oberen Stockwerk befindet. Also vor meiner Haustüre.

Okay, so ist das eben selbst in der besten Familie. In meiner *casa* wird am Sonntag oft gewerkelt, was das Zeug hält. Mehr als einmal bei mir oben. Dieses Mal ist das „Fitnessstudio" dran. Es wird aufgeräumt und gestrichen. Unter „Studio" ist ein zur Veranda hin vergitterter Verschlag zu verstehen, in dem viele Geräte stehen, von denen allerdings die meisten nur mit Strom oder Batterie richtig funktionieren, soweit ich das bei einigen Versuchen feststellen konnte. Also beließ ich es dabei, die gute Absicht zu honorieren. Sohn Raoúl muss mit ran, er arbeitet schließlich während der Woche wieder für irgendein Ministerium im Zusammenhang mit Außenwirtschaft und kann dann nicht.

Seine Freundin – ja der Schmetterling ist nach längerer Abwesenheit wieder aufgetaucht – sieht es mit gemischten Gefühlen. Doch da muss sie durch, gute Miene machen. Es gab nämlich Knatsch ihretwegen. Deswegen kommt sie nicht mehr so oft. Ernestina hat sich ihren Sohn beiseitegenommen, sie fühlte sich durch den Schmetterling provoziert. Oder, besser ausgedrückt, sie fand, die junge Frau mit den sehr ansehnlichen Kurven würde viel zu offensichtlich mit ihrem runden Hinterteil vor Juan Carlos' Nase herumwedeln und ihn damit provozieren. Das hat mir Juan Carlos erklärt. Nun, ich glaube nicht, dass ihn das ganz kalt lässt, aber er gibt sich abgeklärt. Zumal er, wie übrigens auch Ernestina, nach wie vor findet, der Schmetterling sei entschieden zu hübsch für Raoúl, der würde bestimmt verletzt irgendwann.

Dass sie hübsch ist, findet natürlich auch Raoúl. Die Schlussfolgerungen, die er aus diesem Umstand zieht, sind allerdings entschieden andere. Im Gegensatz zur Anfangszeit, als er auf die Zärtlichkeiten seiner Freundin eher zurückhaltend reagierte, kann er jetzt kaum noch die Hände von ihr lassen, geschweige denn, dass er sie für mehr als einige Momente aus den Augen lässt. Er hat sich Hals über Kopf in diesen Schmetterling verliebt. An eine Rückkehr zur früheren Freundin ist meiner Ansicht nach nicht mehr zu denken.

Aber, wer weiß. Das Schicksal führt uns ja manchmal auf überraschende Wege. Dieses Jahr auf Kuba gehört für mich dazu. Und eigentlich hätte ich mir ja denken können, dass es eine bemerkenswerte Sache wird, wenn zwei Gabriels auf Kuba zusammenkommen, von dem dritten, namens Sigmar, rede ich jetzt gar nicht, sondern von einem anderen Ereignis: Meine Wenigkeit, unterwegs im Taxi – einem grünen 1952er Ford – von und mit Yuan, mein Ziel ist ein Ort: El Gabriel. Yuan ist ein Bär von Mann, gemütlich, wortkarg, aber sehr freundlich.

Niemand von meinen kubanischen Freunden kennt dieses Dorf ungefähr sechzig Kilometer südlich von Havanna in der Provinz Artemisia. Dort, so habe ich gehört, soll es viele Rebellen gegen das Batista-Regime gegeben haben. Es findet sich auch in keinem Reiseführer. Doch seit ich es zum ersten Mal auf der Karte entdeckt habe, war klar: Da muss ich hin. Damit die Vorfreude richtig wirken kann, soll das mein letzter größerer Ausflug auf Kuba werden. Quasi eine Art Abschiedsgeschenk von mir an mich.

Schon die Fahrt ist herrlich. Statt des angekündigten Regens angenehme Temperaturen, um die zwanzig Grad bei durchwachsener Bewölkung. Yuan, der auch noch nie in El Gabriel war, chauffiert mich über die Dörfer. Erst Richtung Flughafen, dann Santiago de Las Vegas, vorbei am Wallfahrtsort Rincón (dort gibt es eine berühmte Kirche, in der Katholiken und Anhänger der Santería am 17. Dezember den Tag des Heiligen Lázaro feiern), La Salud und schließlich der Ort El Gabriel, der zur Gemeinde Güira de Melena gehört. So heißt auch die nächste größere Stadt. Zur Punta de Cayamas am karibischen Meer wäre es auch nicht mehr allzu weit, wenn es denn eine Straße dorthin gäbe.

Wir passieren Felder mit roter Erde. Ich sehe Tomatenpflanzen in Reih und Glied, Kohl, Knoblauch, Bohnen, Gurken. Dazu Ananas, Avocadobäume, Malanga, es wird Honig produziert. Hier, erfahre ich von Yuan, wird das Gemüse für Havanna angebaut. Die rote Erde ist also fruchtbar. Auf dem Heimweg kauft er dann auch gleich kiloweise Yuka und Süßkartoffeln für ein großes Familienfest ein. Hier ist es günstiger als in Havanna.

Und dann, um die Gegend von Salud herum: Zucker-rohrfelder so weit das Auge reicht. Wir fahren über Bahn-gleise und an einer Zuckerfabrik vorbei, zu der die Gleise führen. Darauf stehen rostige Waggons und warten auf ihre Ladung. In der Luft liegt süß und schwer der Geruch von Karamell.

Ich genieße die Fahrt in vollen Zügen: Kein Müll an den Straßenrändern und auch nichts von der Lärmver-schmutzung, die mir in Havanna immer wieder zu schaf-fen macht. Pferdefuhrwerke, lange nicht so viele Autos auf den schmalen Straßen, es ist einfach wunderbar, die Vögel zu hören und den Wind, der durch die Wedel der zahlrei-chen großen Königspalmen streift, die sich am Wegesrand finden. Touristen? Fehlanzeige.

Das Wort Wegesrand ist nicht zufällig gewählt. Denn wirkliche Straßen mit asphaltierter Decke sind es oft nicht. Und wenn, dann hat der Asphalt riesige Löcher. Yuan hat also keine Zeit, zu genießen. Er fragt sich durch, weicht mit gerunzelter Stirn Löchern und Kratern aus – und macht sich große Sorgen um die Hydraulik der Federung seines Ford. Ich kenne „meinen" *taxista* schon von früheren Fahr-ten: groß und breit, anfangs dachte ich, wie passt der Mann in seinen Ford. Aber er hat, wie gesagt, die Ruhe weg. Nor-malerweise. Nicht so bei diesem Ausflug. Er bemüht sich jedoch sehr, es mir nicht zu zeigen.

Und El Gabriel selbst? Beschaulich, als liege der Ort in einer eigenen Zeitzone – und wie ich finde ziemlich romantisch. Blühende Büsche in den Vorgärten der meist einstöckigen, Häuser. Gleich zweimal passieren wir großzügig angelegte und gut gepflegte Parkanlagen, aus denen, wie könnte es anders sein, die Büste von José Martí grüßt. Nur eines finden wir nicht: ein Ortsschild. Ich hätte so gerne ein Foto davon gehabt, zum Beweis, dass ich dort war. Und jetzt verstehe ich auch besser, warum so wenige El Gabriel auf Kuba kennen. Aber ich kann Ihnen versichern, es existiert. Denn mehr als ein Mensch hat meinem fragenden *taxista* den Weg gewiesen.

Zurück geht es dann auf die bequeme Weise über eine autoverträgliche Piste ab Güira de Melena bis Havanna. Sehr zur Freude von Yuan, der ab diesem Zeitpunkt wieder ganz die Ruhe selbst ist.

Diese Rückreise lässt mir auch die Zeit, Bilanz zu ziehen. Es ist Ende Februar. Nur noch eine gute Woche, dann geht mein Flug, und es heißt für mich: Abschied nehmen. Ich werde das angekündigte Konzert der Stones nicht mehr erleben. Meine Touristenkarte läuft vorher ab. Wie war das noch vor rund einem Jahr? Ich war anfangs blind für die Schwächen und sehr empfänglich für die Stärken, von denen Kuba viele hat. Sehr viele. Und ich habe am Ende begriffen, dass es – wie immer – ein großes Abenteuer ist, im Kopf und im Herzen, wenn es darum geht, eine gute Beziehung aufzubauen, eine jenseits der Klischees, eine, die die Stärken zu schätzen weiß und die Schwächen annimmt. Oder, noch besser: Am schönsten ist die Liebe doch, wenn es gerade die Schwächen sind, in die man sich verliebt. Gut, so weit würde ich jetzt, am Ende dieses Jahres, nicht gehen. Aber aus der ersten Verliebtheit ist eine bereichernde Beziehung geworden. Besonders zu den Menschen auf Kuba.

Habe ich nun das „alte Kuba" noch erlebt? Nein, höchstens das, in dem die Oldtimer die Straßen beherrschen.

Und das ist es wohl, was die Touristen mit dem Begriff „altes" Kuba verbinden. Die Insel hat seit der Revolution viele schwierige Phasen und jede Menge Veränderungen durchlebt. Die derzeitige gehört zu den besseren, weil sie Hoffnung birgt. Wie das neue Kuba aussehen wird? Ich weiß es nicht. Sicher ist für mich nur: Die Oldtimer werden weiter fahren, bis sie in ihre Einzelteile zerfallen. Und auch danach. Die geschäftstüchtigen Kubaner haben die Straßenkreuzer längst als Touristenmagnet und Einnahmequelle entdeckt. Ich hoffe dennoch sehr, dass trotz der „Normalisierung" diese gewisse, schon fast paradiesische Unschuld erhalten bleibt, die noch hin und wieder zu spüren ist. Dass die Menschen nicht von der Gier verseucht werden und aus den Fehlern der kapitalistischen Länder lernen. Ansonsten: Es kommt auf Kuba meistens anders als erwartet. Fast immer wird es trotzdem gut.

Mein „letzter Weg" vor dem Abschied führt mich in den herrlichen Paradiesgarten des UNEAC, wo ich so herzlich aufgenommen worden bin. Ich weiß, ich werde wiederkommen, auch einige der Menschen, die ich hier getroffen habe, in Deutschland wiedersehen. Und das, finde ich, ist ein gutes Ende für diese Geschichte.